CECIL McBEE

Study Collection

中3 ♥ 高校入試 改訂版

セシルマクビー スタディコレクション

英語 数学 国語 理科 社会

for Third-Year
Junior High School Students

Gakken

About this book この本の特長

人気ファッションブランド「CECIL McBEE」とコラボした学習参考書だよ。
飽きずに勉強できる工夫が盛りこまれているから，楽しく勉強できるよ。

CECIL McBEEって？

あるときはキュートに，カジュアル
に，セクシーに……。
トレンドをとり入れつつ，今の自分
にあった魅力的なアイテムやファッ
ションを身につけたい。
そんなみんなの希望をかなえるた
めに，おしゃれでかわいいアイテム
やファッションのスタイルを提案す
るブランドが CECIL McBEE だよ。

どんな本？ どう使う??

中3の5教科の大切な内容が1冊
にぎゅっとまとまっているよ。イラ
ストが多くてさくさく読めるから，
授業の予習や復習，テストや入試
前の要点チェックにぴったりだよ。
コンパクトなサイズだから，かばん
に入れて持ち歩いて，休み時間や
電車での移動時間など，好きなと
きに使ってね。

何がついているの？

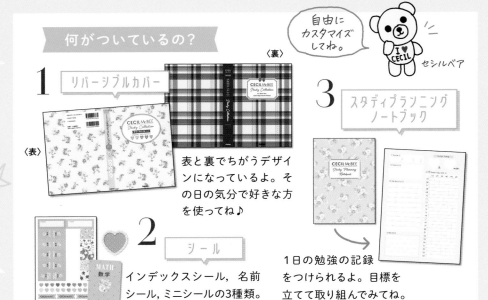

自由に
カスタマイズ
してね。

セシルベア

1 リバーシブルカバー

〈裏〉

〈表〉

表と裏でちがうデザイ
ンになっているよ。そ
の日の気分で好きな方
を使ってね♪

2 シール

インデックスシール，名前
シール，ミニシールの3種類。

3 スタディプランニング
ノートブック

1日の勉強の記録
をつけられるよ。目標を
立てて取り組んでみてね。

How to use 使ってみよう

1 まとめのページ

♡ 要点をチェック!

授業やテストでよく出る,大切な内容ばかりがぎゅっとまとまっているよ。

♡ 図やイラストがいっぱい

かわいくてわかりやすいから,飽きずに読めるよ。

♡ 会話形式の解説でしっかり理解!

セシルベアとガールズの会話を読むと,要点がもっとよくわかるよ。

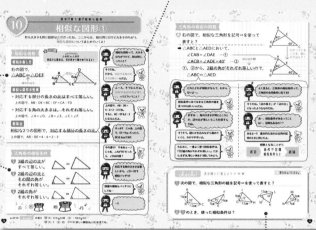

♡ チェック問題もあるよ

最後に力試し。このページの内容を理解できたかどうか,チェックできるよ。

2 Check Test チェックテスト

教科別に確認問題がついているよ。問題は定期テストの点数に直結するものばかり。巻末には解説もあるよ。これでテストもこわくない♪

3 Girl's Life Column ガールズライフコラム

教科別のコラムもあるよ。その教科を身近に感じられる話題が載っているから,苦手な教科も好きになれるかも?!

Contents 目次

English 英語

Math
数学

Science
理科

Social Studies 社会

Japanese

国語

CECIL Bear&Girls セシルベア＆ガールズ

みんなの勉強をサポートするメンバーだよ。
一緒に楽しんで勉強しよう♪

LET'S STUDY!

HELLO!

HI!!

英語　数学　理科　社会　国語

♡中学生活を満喫するコツ♡

❶ 時間をうまく使おう

短い時間で集中することが大事！　すきま時間を使ったり，スケジュールを立てたりして勉強もおしゃれもパーフェクトになっちゃおう！

❷ 得意なものを見つけよう

勉強で，好きなこと，得意なことを見つけよう。それがみんなの自信になり，苦手なことにも向かっていく原動力になるよ。

❸ あきらめずにチャレンジしよう

難しくても，結果がすぐに出なくても，あきらめないで！　勉強も部活も恋も，今精一杯頑張ることは，みんなの将来の可能性を広げてくれるよ。

CECIL McBEE

Study Collection

English

♥

英語の勉強が始まるよ。

1 現在・過去・未来の文

be動詞と一般動詞の現在・過去・未来の文をまとめて復習するよ。
3人称単数・現在形（3単現）と過去形の変化に注意しよう。

be動詞の現在・過去・未来の文

主語	現在	過去	未来
I	am	was	will be
he, she, it	is		または
you, we, they	are	were	am / is / are + going to be

○現在…主語によって, am, is, are を使い分ける。

ふつう I am from Tokyo. （私は東京出身です。）

否定 He's not my father. （彼は私の父ではありません。） ◀ 否定文はbe動詞のあとにnot。

疑問 Are you free today? — Yes, I am. / No, I'm not.
疑問文はbe動詞で文を始める。 （あなたは今日, 暇ですか。 — はい。 ／いいえ。）

○過去…主語によって, was, were を使い分ける。

ふつう I was busy yesterday. （私は昨日, 忙しかったです。）

否定 It wasn't rainy last night. （昨夜は雨ではありませんでした。）

疑問 Were they in the gym? — Yes, they were. / No, they weren't.
（彼らは体育館にいましたか。 — はい。 ／いいえ。）

○未来…will be または am / is / are going to be を使う。

ふつう I'll be fifteen next week. （私は来週15歳になります。） ◀ willのあとの動詞は原形。

否定 She won't be in time for the concert.
否定文はwillのあとにnot。 won't = will not。 （彼女はコンサートに間に合わないでしょう。）

疑問 Will you be at home tomorrow? — Yes, I will. / No, I won't.
疑問文はWillで文を始める。 （あなたは明日, 家にいますか。 — はい。 ／いいえ。）

一般動詞の現在・過去・未来の文

主 語	現在	過去	未 来
I, you, we, they	play	played	will play または
he, she, it	plays		am / is / are + going to play

○現在…主語が3人称単数のときは，一般動詞を s で終わる形にする。

ふつう　I live in Tokyo.　(私は東京に住んでいます。)

She lives in Tokyo.　(彼女は東京に住んでいます。)

否定　I don't like carrots.　(私はにんじんが好きではありません。)

She doesn't like carrots.　(彼女はにんじんが好きではありません。)

> 否定文は動詞の前に don't か doesn't。あとに続く動詞は原形。

疑問　Do you play tennis? — Yes, I do. / No, I don't.

> 疑問文は主語に合わせて Do か Does で文を始める。あとの動詞は原形。

(あなたはテニスをしますか。 — はい。／いいえ。)

Does he play tennis? — Yes, he does. / No, he doesn't.

(彼はテニスをしますか。— はい。／いいえ。)

○過去…動詞を過去形にする。

ふつう　I studied math last night.　(私は昨夜，数学を勉強しました。)

否定　He didn't want a camera.　(彼は，カメラは欲しくありませんでした。)

> 否定文は動詞の前に didn't。あとの動詞は原形。

疑問　Did you have a party? — Yes, we did. / No, we didn't.

> 疑問文は Did で文を始める。あとの動詞は原形。

(あなたたちはパーティーを開きましたか。 — はい。／いいえ。)

○未来… will または am / is / are going to を使う。

ふつう　I'm going to visit Kyoto next month.　(私は来月京都を訪れる予定です。)

> be going to のあとの動詞は原形。

否定　He isn't going to go out tomorrow.　(彼は明日，出かけるつもりはありません。)

疑問　Are you going to buy a new hat? — Yes, I am. / No, I'm not.

(あなたは新しい帽子を買うつもりですか。— はい。／いいえ。)

② 助動詞／疑問詞／命令文

助動詞，疑問詞，命令文をまとめて復習しよう。

助動詞

will	～だろう	may	～してもよい， ～かもしれない
can	～できる	must	～しなければならない， ～に違いない
should	～したほうがよい， ～すべきだ	shall	〈Shall I[we] ～?で〉 ～しましょうか
could	〈Could you ～?で〉 ～していただけますか	would	〈would like to ～で〉 ～したい

ふつう

She can swim well. （彼女は上手に泳げます。） 〔助動詞のあとの動詞は原形。〕

You should take the bus. （あなたはバスに乗ったほうがいいです。）

I must study English harder. （私はもっと熱心に英語を勉強しなければなりません。）

I'd like to visit Hawaii. （私はハワイに行きたいです。）

〔I'd like to は I want to よりも丁寧な言い方だよ。〕

否定

I can't sing this song. （私はこの歌を歌えません。）

You must not use your smartphone here.

〔否定文は助動詞のあとに not。〕 （ここでスマートフォンを使ってはいけません。）

〔must not ～ は「～してはいけない」と禁止する言い方だよ。〕

疑問

Can he play the guitar? — No, he can't.

〔疑問文は助動詞で文を始める。〕 （彼はギターが弾けますか。— いいえ。）

May I use your pen? — Sure. Here you are.

（あなたのペンを使ってもいいですか。— いいですよ。はい，どうぞ。）

Shall I open the door? — Yes, please.

（〈私が〉ドアを開けましょうか。— はい，お願いします。）

Could you say that again? — All right.

（もう一度言っていただけますか。— いいですよ。）

〔Could you ～? や Would you ～? は「～していただけますか」と丁寧に依頼する言い方だよ。〕

what	何，何の	where	どこで，どこに
which	どれ，どの	when	いつ
who	誰	why	なぜ
whose	誰の	how	どのような，どのようにして

What do you want for your birthday?　(誕生日に何が欲しいですか。)

Which do you like better, red or blue?　(赤と青ではどちらのほうが好きですか。)

Who is that tall girl?　(あの背の高い女の子は誰ですか。)

Whose bag is this?　(これは誰のかばんですか。)

Where does he live?　(彼はどこに住んでいますか。)

When did you go to the store?　(あなたはいつその店に行ったのですか。)

Why did she say that to him?　(なぜ彼女は彼にそんなことを言ったのですか。)

How do you go to school?　(あなたはどのようにして学校に行きますか。)

★ How many…「いくつ」(数)　　★ How much …「いくら，どれくらい」(値段・量)

★ How old 　…「何歳」(年齢・古さ)　★ How long …「どれくらい長い」(長さ・期間)

★ How tall 　…「どれくらい高い」(高さ)　★ How far 　…「どれくらい遠い」(距離)

★ How often …「どれくらいの頻度で」(頻度)

命令文

ふつう　Wash your hands.　(手を洗いなさい。)　◀ 命令文は，動詞で文を始める。

Be careful, Ann.　(気をつけなさい，アン。)

Please come and help me.　(手伝いに来てください。)

否定　Don't be late.　(遅れないでね。)

誘う　Let's go home.　(家に帰りましょう。)

命令文に please をつけると，丁寧な言い方になるよ。

3 不定詞／動名詞／比較

不定詞，動名詞，比較の文をまとめて復習するよ。
不定詞を目的語にとる動詞と動名詞を目的語にとる動詞の区別に注意しよう。

不定詞（to＋動詞の原形）

❶「〜するために」

He went home to watch TV. （彼はテレビを見るために家に帰りました。）

Why did you get up early? ― To watch TV.

（あなたはなぜ早く起きたのですか。― テレビを見るためです。）

❷「〜して」

I'm happy to hear that.

（私はそれを聞いてうれしいです。）

〈be＋形容詞＋to 〜〉
be happy to 〜 （〜してうれしい）
be sad to 〜 （〜して悲しい）
be sorry to 〜 （〜して残念だ）
be surprised to 〜 （〜して驚く）

❸「〜するための」

I want something to drink. （私は何か飲むものが欲しいです。）

❹「〜すること」

I want to be a fashion designer.

（私はファッションデザイナーになりたいです。）

〈不定詞を目的語にとる動詞〉
want to 〜（〜したい）
hope to 〜（〜することを望む）
need to 〜（〜する必要がある）
decide to 〜（〜することを決める）

動名詞（動詞のing形）

❶ 動詞のあとにくる

We enjoyed playing baseball. （私たちは野球をして楽しみました。）

〈動名詞を目的語にとる動詞〉
enjoy 〜ing （〜することを楽しむ）
finish 〜ing （〜し終える）
stop 〜ing （〜するのをやめる）

〈不定詞も動名詞も目的語にとる動詞〉
like 〜ing / like to 〜 （〜するのが好きだ）
love 〜ing / love to 〜 （〜するのが大好きだ）
start 〜ing / start to 〜 （〜し始める）
begin 〜ing / begin to 〜 （〜し始める）

❷ 主語になる

Playing baseball is difficult for me. （野球をすることは私には難しいです。）

❸ 前置詞のあとにくる

She is good at playing baseball. （彼女は野球をすることが得意です。）

比較

❶ 比較級の文「…より〜」[比較級 ＋ than …]

Tom is taller than his father.　（トムは父親より背が高いです。）

> ふつうの比較級は語尾に -er。

This book is more interesting than that one.

> つづりの長い語は前に more。

（この本はあの本よりおもしろいです。）

❷ 最上級の文「…の中でいちばん〜」[the ＋ 最上級 ＋ in[of] …]

This bike is the newest in this shop.

> ふつうの最上級は語尾に -est。

（この自転車はこの店でいちばん新しいです。）

This shirt is the most expensive of the three.

> つづりの長い語は前に most。

（このシャツが3枚の中でいちばん高いです。）

> in のあとには「場所」や「範囲」を表す語句が，of のあとには「複数」を表す語句がくるよ。

❸ as 〜 as …の文「…と同じくらい〜」

He is as old as my sister.　（彼は私の姉と同じ年齢です。）

> as と as の間の語は原級（変化しないもとの形）。

She can't run as fast as Jane.　（彼女はジェーンほど速く走れません。）

> not as 〜 as …は「…ほど〜でない」という意味になるよ。

❹ like A better than B「BよりAが好き」

She likes cats better than dogs.　（彼女は犬よりネコが好きです。）

Which do you like better, this bag or that one?

（このバッグとあのバッグではどちらのほうが好きですか。）

❺ like A the best「Aがいちばん好き」

I like red the best of all colors.

（私はすべての色の中で赤がいちばん好きです。）

What sport do you like the best?

（何のスポーツがいちばん好きですか。）

4 受け身

「〜される」「〜された」という意味を表す受け身の文を復習しよう。

受け身の文

○受け身の文は，[be動詞＋過去分詞] で表す。

○現在（〜される）…主語によって，am, is, are を使い分ける。

主語	＋	be動詞（現在）	＋	過去分詞
I		am		
he, she, it		is		過去分詞
you, we, they		are		

ふつう I am invited to Amy's birthday party.

（私はエイミーの誕生日パーティーに招待されています。）

否定 This room isn't used on weekends.

> be 動詞のあとに not。

（この部屋は週末には使われません。）

疑問 Is this song sung by young girls?

> be 動詞で文を始める。

（この歌は若い女の子たちに歌われますか。）

—Yes, it is. / No, it isn't.

（はい。／いいえ。）

What language is spoken in this country?

（この国では何語が話されていますか。）

—French is. （フランス語です。）

> 「〜によって」と，動作をする人やものごとを表すときは by 〜 を続けるよ。

○過去（〜された）…主語によって，was, were を使い分ける。

主語 I he, she, it you, we, they	+	be動詞（過去） was were	+	過去分詞

ふつう Our school was built 30 years ago.

（私たちの学校は30年前に建てられました。）

否定 These books weren't read by students.

> be 動詞のあとに not。

（これらの本は生徒たちに読まれませんでした。）

疑問 Was the school festival held in fall?

> be 動詞で文を始める。

（学園祭は秋に行われましたか。）

—Yes, it was. / No, it wasn't.　（はい。／いいえ。）

When was the computer invented?

（コンピューターはいつ発明されましたか。）

 受け身の文は，助動詞といっしょに使われるとき，be 動詞は原形の be になるよ。
This work will be finished soon.
（この仕事はすぐに終わるでしょう。）

 過去分詞は，44〜45ページの表でチェックしてね！

5 現在完了形

「継続」「経験」「完了」を表す現在完了形の文を復習しよう。
また，現在完了進行形の文を確認しよう。

現在完了形の文

○現在完了形の文は，［have/has＋過去分詞］で表す。

主語		have/has		過去分詞
I	＋	have	＋	
he, she, it		has		過去分詞
you, we, they		have		

・継続…「ずっと〜している」
・経験…「〜したことがある」
・完了…「〜したところだ」

現在完了形「継続」の文

ふつう I have lived in Tokyo for five years.

（私は5年間東京に住んでいます。）

☆POINT!
「継続」でよく使う語
for 〜（〜の間）
since 〜（〜以来）

否定 We haven't seen her since last week.

have/has のあとに not。

（私たちは先週から彼女に会っていません。）

☆POINT!
よく使う短縮形
I have → I've
you have → you've
we have → we've
have not → haven't
has not → hasn't

疑問 Has Ann been busy since yesterday?

Have / Has で文を始める。

（アンは昨日からずっと忙しいのですか。）

—Yes, she has. / No, she hasn't. （はい。／いいえ。）

 現在完了形の「継続」の疑問文では，How long 〜？（どのくらい長く〜していますか）で継続の期間をたずねることができるよ。

現在完了形「経験」の文

ふつう I have visited Kyoto many times.
（私は何度も京都を訪れたことがあります。）

否定 I have never heard this story.
（私は一度もその話を聞いたことはありません。）

疑問 Have you ever seen this movie?
（あなたは今までにこの映画を見たことがありますか。）

☆POINT!
「経験」でよく使う語
ever（今までに）
never（一度も～ない）
before（以前に）
once（1回）
twice（2回）
many times（何回も）

現在完了形「完了」の文

ふつう I have just finished my homework.
（私はちょうど宿題を終えたところです。）

否定 The game hasn't started yet.
（試合はまだ始まっていません。）

疑問 Have you had lunch yet?
（あなたはもう昼ごはんを食べましたか。）

☆POINT!
「完了」でよく使う語
just（ちょうど）
already（すでに）
yet（〈疑問文で〉もう）
　　（〈否定文で〉まだ）

現在完了進行形の文

○過去に始まった動作が現在まで継続していることを表すときに使う。

主語		have/has			
I		have			
he, she, it	+	has	+	been	+	～ing
you, we, they		have			

I have been swimming here for an hour.

進行形の be 動詞が been になる。

（私はここで1時間ずっと泳いでいます。）

I've been studying English!
（私はずっと英語を勉強しているよ！）

19

6 疑問詞＋to 〜

「ゲームのやり方」や「何と言えばいいか」などと言うときに使うよ。

〈疑問詞＋to 〜〉の文

[疑問詞＋to＋動詞の原形]で表す！
（how / what / where など）

[how to＋動詞の原形] 「〜のしかた」

I don't know how to play this game.

（このゲームのやり方がわかりません。）

[what to＋動詞の原形] 「何を〜すればよいか」

He didn't know what to say to her.

（彼は彼女に何と言ったらいいかわかりませんでした。）

[where to＋動詞の原形] 「どこで〜すればよいか」

We want to know where to buy the tickets.

（私たちはどこでチケットを買えばいいか知りたいです。）

[when to＋動詞の原形] 「いつ〜すればよいか」

Please tell me when to start.

（いつ始めたらいいか教えてください。）

[which to＋動詞の原形] 「どちらを〜すればよいか」

She can't decide which to buy.

（彼女はどちらを買えばいいか決められません。）

what や which のあとに名詞がくる，
〈what／which＋名詞＋to 〜〉の形もあるよ！
・I know what book to read.
（私はどんな本を読めばいいか知っています。）

Tea Break
こんなときに使っちゃおう♥

My mother taught me
how to make curry.
（お母さんがカレーの作り方を教えてくれたんだ。）

I don't know what to buy
for him.
（彼に何を買えばいいかわからないんだ。）

I wonder which
school to go to.
（どの学校に行けばいいのかな。）

check! 英語で言ってみよう ♥ ♥ ♥

♥ 答えは p.22 だよ。

1 このカメラの使い方，知ってる？

2 どこで電車を降りたらいいかわかりません。

It is … to ～.

「～することはおもしろい」などと言うときに使うよ。

It is … to ～. の文

「～することは…だ」は〚 It is … to ～. 〛で表す！

ふつう It is interesting to visit different shops.

> Itは形式的な主語。

> 本当の主語は to ～。

（いろいろな店を訪れるのはおもしろい。）

否定 It is not difficult to answer the question.

> be動詞のあとにnot。

（その質問に答えることは難しくありません。）

疑問 Is it dangerous to go out at night in this city?

> be 動詞で文を始める。

（この街では夜に外出することは危険ですか。）

> 疑問文の作り方や答え方は、ふつうの it is の文と同じなんだね。

— Yes, it is.　　（はい、そうです。）

— No, it isn't.　　（いいえ、そうではありません。）

for+人 It's difficult for me to speak English.

（英語を話すことは私にとって難しいです。）

> for me は「私にとって」という意味だよ。

p.21の check! の答え　❶ Do you know how to use this camera?
　　　　　　　　　　　　❷ I don't[do not] know where to get off the train.

Tea Break
こんなときに使っちゃおう♥

明日，洋服を買いに行きたいんだけど，付き合ってくれる？　私，方向オンチだし。

わかった。でも，店は駅から近いよ。
It's easy to find the shop.
（店を見つけるのは簡単だよ。）

でも，お願い！
Is it OK to meet at eight at the station?
（8時に駅で会うのって大丈夫？）

早っ！ ‖(･ﾛ･;)

It's hard for me to get up early.
（早起きするの私には難しいよ。）

いっしょに朝ごはん，食べようよ！

 英語で言ってみよう ♥ ♥ ♥　　　　 答えは p.24 だよ。

♥ 1 本を読むことは大切？

♥ 2 彼を理解するのは私には不可能だよ。

8 want 人 to 〜など

「(人)に〜して欲しい」や「(人)に〜するように言う」などと言うときに使うよ。
また，to のつかない動詞の原形（原形不定詞）も確認しよう。

「(人)に〜して欲しい」などの文

〔 want / tell / ask ＋人＋to 〜〕で表す！

[want 人 to 〜]　「(人)に〜して欲しい」

I want you to open the window.
（あなたに窓を開けて欲しいです。）

I would like you to open the window. のように，want の代わりに would like を使うと丁寧な言い方になるよ。

☆くわしく

I want to open the window.（私は窓を開けたい。）だと，窓を開けるのは「私」だけど，I want you to open the window. では，窓を開けるのは「あなた」。2つの文の意味の違いに注意しようね。

[tell 人 to 〜]　「(人)に〜するように言う」

My mother tells me to clean my room.
（母は私に部屋を掃除するように言います。）

上の文で to clean my room するのは me(私)，下の文で to speak more slowly するのは him（彼）だよ。

[ask 人 to 〜]　「(人)に〜するように頼む」

I asked him to speak more slowly.
（私は彼にもっとゆっくり話すように頼みました。）

[help 人 ＋ 動詞の原形 〜]　「(人)が〜するのを手伝う」

I helped her cook lunch.

toのつかない動詞の原形（原形不定詞）

（私は彼女が昼食を作るのを手伝いました。）

let(〜させる)も原形不定詞がくるよ。

p.23 の check! の答え ❶Is it important to read books?
❷It's[It is] impossible for me to understand him.

留学生が来たんだって？

そう。で，なかなかカッコいいんだよね。
I asked him to tell me his phone number.
（彼に電話番号を教えてくれるように頼んだんだ。）

へえ。教えてもらったの？

うん♥

やったね。

明日，席替えがあるんだ。
I want him to sit next to me.
（彼に隣に座って欲しいな。）
そしたら，もっと話ができるんだけど。

---

 check! 英語で言ってみよう ♥ ♥ ♥　　　　♥答えは p.26 だよ。

1 手伝おうか？（私に手伝って欲しい？）

2 彼女にノートを見せてくれるように頼んじゃった。

9 call A B, make A B

「私たちの犬をラッキーと呼ぶ」「私を幸せにする」などと言うときに使うよ。

「AをBと呼ぶ」「AをBにする」の文

〔 call / make A B 〕で表す！

〔call A B〕　「AをBと呼ぶ」

We call our dog Lucky.
（私たちは私たちの犬をラッキーと呼びます。）

 our dog（私たちの犬）＝Lucky（ラッキー）の関係になっているよ。

〔make A B〕　「AをBにする」

Her songs make me happy.
（彼女の歌は私を幸せにしてくれます。）

me（私）＝happy（幸せ）の関係になるんだね。

 くわしく

同じ文型になるその他の動詞
・〔name A B〕（AをBと名づける）
　They named their baby Nana.
　（彼らは赤ちゃんを菜々と名づけました。）

・〔keep A B〕（AをBにしておく）
　You must keep your room clean.
　（あなたは部屋をきれいにしておかなければなりません。）

 call や name の文では、Bのところに名前がくるよ。
make の文では、Bのところに形容詞や名詞がくるよ。

p.25 の check! の答え ❶Do you want me to help you？／Shall I help you？
❷I asked her to show me her notebook.

Tea Break
こんなときに使っちゃおう ♥

I'm Michael Brown.
Please call me Mike.

（私はマイケル・ブラウンです。
マイクと呼んでください。）

What is this called in English?

（これ，英語で何と言うの？）

自己紹介で，呼んでほしい言い方を説明するときに使える表現だね。

Does this make me pretty?

（これで私，かわいくなる？）

♥ 答えは p.28 だよ。

check! 英語で言ってみよう ♥ ♥ ♥

1 この花は日本語で「バラ」って言うんだよ。

2 この本が彼女を有名にしたんだ。

10

名詞を修飾する語句

「ボブと話している女の子」「日本製のカメラ」などと言うときに使うよ。

名詞を修飾する語句

〔名詞 ＋ 〜ing / 過去分詞 ＋ 語句〕の語順！

[名詞＋〜ing＋語句] 「〜している…」

Do you know the girl talking with Bob?

talking with Bob が the girl を修飾。

（ボブと話している女の子を知っていますか。）

〜ing は「〜している」という意味で前の名詞を説明しているね。

[名詞＋過去分詞＋語句] 「〜された…」

I like cars made in Germany.

made in Germany が cars を修飾。

（私はドイツ製の車が好きです。）

過去分詞は「〜された」という意味で前の名詞を説明しているね。

★POINT!
主語の名詞が修飾されているとき、あとの動詞は主語に合わせるよ。
・The girl standing by the door is Ann.
　（ドアのそばに立っている女の子はアンです。）
・The pictures painted by him are beautiful.
　（彼によって描かれた絵は美しいです。）

p.27の check! の答え ❶We call this flower "bara" in Japanese.[This flower is called "bara" in Japanese.]
❷This book made her famous.

What do you think of boys wearing glasses?
（メガネ男子をどう思う？）

いきなり，何？

I met an American boy called Adam last week.
（先週，アダムというアメリカ人の男の子に会って。）
I got an e-mail written in English yesterday.
（昨日，英語で書かれたメールをもらったんだ。）

何て書いてあったの？

英語，勉強しなくちゃ。

ねぇ，何て書いてあったの？

check! 英語で言ってみよう ♥ ♥ ♥

♥ 答えは p.30 だよ。

1 窓のそばに座っている男の子はアダム（Adam）です。

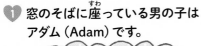

2 その国で話されている言葉は何？

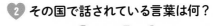

11 関係代名詞

「ニューヨークに住んでいる友達」などのように，名詞を文で説明するときに使うよ。

関係代名詞の文

who / which / that で後ろから前の名詞を説明！

「人」を説明する［who＋動詞 〜］

I have a friend who speaks Spanish.

「人」（先行詞）

前のa friendを説明。

（私にはスペイン語を話す友達がいます。）

> 関係代名詞のあとの動詞の形は，関係代名詞の前の名詞（先行詞）に合わせるよ。

「物」を説明する［which＋動詞 〜］

This is the movie which changed her life.

「物」（先行詞）

前のthe movieを説明。

（これが彼女の人生を変えた映画です。）

「物」を説明する［which＋主語＋動詞 〜］

This is the bag which I bought last week.

「物」（先行詞）

前のthe bagを説明。

（これは私が先週買ったバッグです。）

> 関係代名詞の who や which の代わりに，that もよく使うよ。

「人」や「物」を説明する［主語＋動詞 〜］

This is the skirt I bought last week.

（これは私が先週買ったスカートです。）

the skirt と I bought 〜の間の which［that］が省略された形。

> 〈主語＋動詞 〜〉の形で前の名詞を修飾するときは，関係代名詞は省略できるんだね。

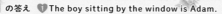
p.29 の check! の答え ❶ The boy sitting by the window is Adam.
❷ What is［What's］the language spoken in the country?

Tea Break
こんなときに使っちゃおう♥

I have an aunt who lives in New York.
（ニューヨークに住んでいる おばがいるんだ。）

The dresses which she designs are so pretty.
（彼女がデザインするドレスってすっごくかわいい。）

There is one thing I want to tell you.
（あなたに伝えたいことが1つ あるんだ。）

❤ 答えは p.32 だよ。

check!　英語で言ってみよう ♥ ♥ ♥

❶ 美紀（みき）が好きな男の子はマーク（Mark）だよ。

❷ マークって，先月，日本に来たアメリカ人の男の子だよ。

MARK

12 間接疑問文

「彼がどこに住んでいるかを知っている?」や
「彼が誰かを教えて」のように言うときに使うよ。

間接疑問文

〔 疑問詞＋主語＋動詞 〜 〕の語順！

疑問詞 where **Do you know where he lives?**

〈where＋主語＋動詞〉＝「どこに〜か」

（あなたは彼がどこに住んでいるか知っていますか。）

Do you know where *does he live*? には
ならないんだね。

疑問詞 who **Please tell me who that boy is.**

〈who＋主語＋動詞〉＝「〜が誰か」

（あの男の子が誰か私に教えて。）

疑問詞 what **I want to know what he bought.**

〈what＋主語＋動詞〉＝「何を〜か」「〜が何か」

（彼が何を買ったか知りたい。）

疑問詞 how **I asked her how she got there.**

〈how＋主語＋動詞〉＝「どうやって〜か」

（彼女にどうやってそこへ行ったかをたずねました。）

☆〈くわしく〉
〈疑問詞＋主語＋動詞〉は，know（知っている），tell（言う），ask（たずねる），remember（覚えている），wonder（〜かしらと思う）などの動詞のあとでよく使われるよ。

p.31 の の答え ❶ The boy (that) Miki likes is Mark.
❷ Mark is the[an] American boy who[that] came to Japan last month.

Tea Break
こんなときに使っちゃおう♥

マリアの誕生日が近いと思うんだけど。
Do you remember when her birthday is?
（彼女の誕生日がいつか覚えてる？）

来週の月曜日だよ。

Have you decided what you'll give her?
（何をあげるかもう決めた？）

まだー。

I wonder what she wants.
（彼女は何が欲しいのかな。）

明日、いっしょに買い物に行こうか。

うん！

---

check! 英語で言ってみよう♥ ♥ ♥ ♥ 答えは p.34 だよ。

① ブラウン先生（Mr. Brown）が
どこにいるか知ってる？

② 私たちがいつ初めて会ったか覚えてる？

13 仮定法

「もし〜だったら」と，現実とは異なることを仮定して言う文について覚えよう。

仮定法の文

〔If＋主語＋動詞の過去形 〜，
主語＋wouldなど＋動詞の原形 ….〕の形

もし（今）〜なら，…だろう（仮定法過去）

If I were you, I would practice more.

> 動詞の過去形

> would＋動詞の原形

wouldのところは，文によって，could や might を使うよ。

（もし私があなたなら，もっと練習するよ。）

If I had enough money, I could buy the shoes.

（もし私に十分なお金があれば，その靴が買えるのになぁ。）

> 「もし雨が降ったら，家にいます」のような if の文は条件を表すよ。
> 現在や未来に十分に現実性がある内容なので，仮定法ではないんだ。

I wish〜. の文

〔I wish＋主語＋過去形 〜.〕で表す！

〜であればいいのになぁ

I wish I could go abroad.　（海外に行ければいいのになぁ。）

☆ POINT!
仮定法の文は，「現在の事実とは違う，現実にはありえない」というところがポイント。仮定法かどうかは，動詞の形を見て判断しよう。
また，仮定法では，主語が I でも be 動詞はふつう were を使うんだ。

p.33 の check! の答え ❶ Do you know where Mr. Brown is?
❷ Do you remember when we first met〔we met for the first time〕?

Tea Break
こんなときに使っちゃおう ♥

If I had time, I could go shopping with you.
（もし時間があれば，あなたと買い物に行けるのになぁ。）

If I were you, I wouldn't do such a thing.
（もし私があなたなら，そんなことしないのに。）

I wish I could speak more English!
（もっと英語が話せたらなぁ！）

---

check!　英語で言ってみよう ♥ ♥ ♥

♥ 答えは p.36 だよ。

1 もし私が鳥だったら，彼(かれ)のところに飛んでいくのになぁ。

2 あなたがここにいたらなぁ！

14 会話表現

電話や食事・買い物など，いろいろな場面で使われる基本表現だよ。

基本の挨拶（あいさつ）

Kana, this is George.
（加奈（か な），こちらはジョージです。）

I'm Sato Kana.
Please call me Kana.
Nice to meet you.
（私は佐藤（さ とう）加奈です。加奈と呼んで
ください。はじめまして。）

I'm George.
Nice to meet you, too.
（私はジョージです。こちらこそ，はじめまして。）

誘（さそ）う／提案する

A : **How about** going to the movies?（映画に行きませんか。）
B : **That's a good idea.** （いい考えですね。）
A : **Shall we** go now? （今から行きましょうか。）
B : OK. （いいですよ。）

A : **Why don't you** join us? （私たちに加わりませんか。）
B : **That'll be nice.** （いいですね。）

A : **Would you like to** come to the party? （パーティーに来ませんか。）
B : **I'd love to.** （ぜひ行きたいです。）

A : **Why don't we** have lunch? （昼食を食べませんか。）
B : **Why not?** （もちろん。）

p.35 の *check!* の答え ❶ If I were a bird, I would fly to him.
❷ I wish you were here!

Hello. This is Kana.
（もしもし。こちらは加奈です。）
May I speak to George, please?
（ジョージさんをお願いします。）

I'm sorry, but he's out right now.
（あいにく，今外出しています。）

May I leave a message?
（伝言をお願いできますか。）

Sure.
（いいですよ。）

Could you tell him to call me back when he comes back?
（彼が戻りましたら，私に電話を折り返しかけるように伝えていただけますか。）

OK. I will.
（わかりました。伝えます。）

★ミ★ミ★ミ★ミ★ミ★ミ★ミ★ミ★ミ★ミ★ミ★ミ★ミ★ミ★ミ★ミ★ミ

Hello. This is George.
（もしもし。こちらはジョージです。）
Can I speak to Kana, please?
（加奈さんをお願いします。）

Speaking.
（私です。）

〈その他の電話でよく使う表現〉

★May I have your name?　（どちらさまですか。）

★Can I take a message?　（伝言を受けましょうか）

★Hold on, please.　　　（切らずにお待ちください。）

乗り物の案内

 Excuse me.
Could you tell me how to get to the stadium?
（すみません。競技場への行き方を教えてくださいますか。）

 Sure. You can get there by train.
（いいですよ。そこへは電車で行けますよ。）

 Which line should I take?
（どの線に乗ればいいですか。）

 **Take the Chuo Line to Honmachi Station, and change to the Kita Line there.**
（本町駅まで中央線に乗って, そこで北線に乗り換えてください。）

 Where should I get off?
（どこで降りればいいですか。）

 You should get off at Kita Station. It's the third stop from Honmachi Station.
（北駅で降りてください。本町駅から3つ目です。）

 Thank you very much.
（どうもありがとうございます。）

 You're welcome.
（どういたしまして。）

〈その他の乗り物の案内でよく使う表現〉

★Does this bus go to the museum?　　（このバスは博物館へ行きますか。）

★How long does it take to get there?　　（そこに着くのにどれくらい時間がかかりますか。）

体調を気遣(きづか)う

You look pale.
What's wrong?
（顔色が悪いよ。どうかしたの？）

I don't feel well.
I think I have a cold.
（気分がよくないんだ。風邪(かぜ)をひいていると思う。）

 That's too bad.
You should see a doctor.
（それはいけないね。医者にみてもらったほうがいいよ。）

 OK. I will.
（わかった。そうするよ。）

 Take care of yourself.
（お大事にね。）

 Thank you.
（ありがとう。）

〈その他の体調に関する表現〉

★ What's the matter?　　　　　（どうかしましたか。）

★ I have a headache.　　　　　（頭痛がします。）

★ I have a stomachache.　　　　（おなかが痛いです。）

★ I have a fever.　　　　　　　（熱があります。）

★ I hope you get well soon.　　（すぐによくなるといいですね。）

ハンバーガーショップで

Two hamburgers and an orange juice, please.
（ハンバーガーを2つとオレンジ ジュースをお願いします。）

Anything else?
（ほかにありますか。）

No. That's all.
（いいえ。それだけです。）

For here or to go?
（ここで召し上がりますか，それともお持ち帰りですか。）

For here, please.
（ここで食べます。）

★=

レストランで

What would you like?
（何になさいますか。）

I'll have a steak and a salad, please.
（ステーキとサラダをお願いします。）

Would you like something to drink?
（何か飲み物はいかがですか。）

Yes. I'll have a cup of coffee after eating, please.
（はい。食後にコーヒーをお願いします。）

Can I help you?
(お手伝いしましょうか。
[いらっしゃいませ。])

 Yes, please. I'm looking for a bag.
(はい。バッグを探しています。)

 How about this red one?
(こちらの赤いのはいかがですか。)

 I think it's too small.
Could you show me a bigger one?
(それは小さすぎると思います。
もっと大きいのを見せてくださいますか。)

 Sure. Here you are.
(わかりました。はい，どうぞ。)

 That's nice. How much is it?
(いいですね。いくらですか。)

 It's fifty dollars.
(50ドルです。)

 OK. I'll take it.
(わかりました。それを買います。)

〈その他の買い物でよく使う表現〉

★ Can I try it on?　　　　　（試着してもいいですか。）

★ Can you gift-wrap it?　　　（プレゼント用に包んでもらえますか。）

★ May I help you? — No, thank you. I'm just looking.
（ご用件をうかがいましょうか。 — いいえ，結構です。見ているだけですから。）

・重要熟語の一覧・

ここでは，覚えておきたい重要な熟語を示しています。
意味を確かめて，しっかり覚えましょう。

熟語（一般動詞）

熟語	意味
get up	起きる
go to bed	寝る
listen to 〜	〜を聞く
look at 〜	〜を見る
look for 〜	〜を探す
take a picture	写真を撮る
take a bath	ふろに入る
wait for 〜	〜を待つ
help 人 with 〜	（人）の〜を手伝う
have a good time	楽しい時を過ごす
look forward to 〜	〜を楽しみにする
go out	外出する
agree with 〜	〜に賛成する
talk about 〜	〜について話す
try on 〜[try 〜 on]	〜を試着する
look like 〜	〜に似ている
hear from 〜	〜から連絡がある
have a cold	風邪をひいている
go shopping	買い物に行く

look forward to 〜の
〜に動詞がくるとき
は，ing形にするよ。

熟語（be動詞）

熟語	意味
be good at ～	～が得意だ
be interested in ～	～に興味がある
be kind to ～	～に親切だ
be afraid of ～	～を怖（こわ）がる
be proud of ～	～を誇（ほこ）りに思う
be late for ～	～に遅（おく）れる
be famous for ～	～で有名だ
be full of ～	～でいっぱいだ
be different from ～	～と異なる
be born	生まれる
be able to ～	～できる

I'm good at swimming.
私は泳ぐことが得意だよ。

その他の重要熟語

熟語	意味
from A to B	AからBまで
between A and B	AとBの間に
after school	放課後
in front of ～	～の前に
for example	たとえば
of course	もちろん
each other	お互（たが）い
a lot of ～	たくさんの～
a few ～	少数の～，少しの～
a little ～	少量の～，少しの～

a few ～は数えられる名詞に，a little ～は数えられない名詞に使うよ。a lot of ～はどちらにも使えるよ。

・不規則動詞の語形変化表・

ここでは，不規則に変化する主な動詞の変化を一覧にしています。
意味と変化形を確認しましょう。

原形	意味	過去形	過去分詞	ing形
be	〜です	was, were	been	being
become	〜になる	became	become	becoming
begin	始まる	began	begun	beginning
break	壊す	broke	broken	breaking
bring	持ってくる	brought	brought	bringing
build	建てる	built	built	building
buy	買う	bought	bought	buying
catch	捕まえる	caught	caught	catching
choose	選ぶ	chose	chosen	choosing
come	来る	came	come	coming
cut	切る	cut	cut	cutting
do	する	did	done	doing
draw	（絵を）描く	drew	drawn	drawing
drink	飲む	drank	drunk	drinking
drive	運転する	drove	driven	driving
eat	食べる	ate	eaten	eating
fall	落ちる	fell	fallen	falling
feel	感じる	felt	felt	feeling
find	見つける	found	found	finding
fly	飛ぶ	flew	flown	flying
forget	忘れる	forgot	forgot / forgotten	forgetting
get	手に入れる	got	got / gotten	getting
give	与える	gave	given	giving
go	行く	went	gone	going
grow	成長する	grew	grown	growing
have	持っている	had	had	having
hear	聞こえる	heard	heard	hearing
hit	打つ	hit	hit	hitting

原形	意味	過去形	過去分詞	ing形
hold	持つ，開催する	held	held	holding
keep	保つ	kept	kept	keeping
know	知っている	knew	known	knowing
leave	去る	left	left	leaving
lend	貸す	lent	lent	lending
lose	失う	lost	lost	losing
make	作る	made	made	making
mean	意味する	meant	meant	meaning
meet	会う	met	met	meeting
put	置く	put	put	putting
read	読む	read	read	reading
ride	乗る	rode	ridden	riding
run	走る	ran	run	running
say	言う	said	said	saying
see	見る	saw	seen	seeing
sell	売る	sold	sold	selling
send	送る	sent	sent	sending
show	見せる	showed	shown / showed	showing
sing	歌う	sang	sung	singing
sit	座る	sat	sat	sitting
sleep	眠る	slept	slept	sleeping
speak	話す	spoke	spoken	speaking
spend	過ごす	spent	spent	spending
stand	立つ	stood	stood	standing
swim	泳ぐ	swam	swum	swimming
take	取る	took	taken	taking
teach	教える	taught	taught	teaching
tell	伝える，言う	told	told	telling
think	思う，考える	thought	thought	thinking
understand	理解する	understood	understood	understanding
wear	身につけている	wore	worn	wearing
win	勝つ	won	won	winning
write	書く	wrote	written	writing

中1・2の総復習　♥ 復習 p.10-19 ♥

［現在・過去・未来の文〜不定詞／動詞／比較］

★ （　　）から最も適するものを選び，記号に○をつけましょう。

□ ❶ Sara and I（ア am　イ is　ウ are）good friends.［サラと私は仲良しです。］

□ ❷ Will it（ア be　イ is　ウ was）sunny tomorrow?［明日は晴れでしょうか。］

□ ❸ She（ア isn't　イ doesn't　ウ don't）drive a car.［彼女は車を運転しません。］

□ ❹ Can Ann（ア swim　イ swims　ウ swam）?［アンは泳げますか。］

□ ❺（ア Let's　イ Don't　ウ Aren't）be late for school.［学校に遅れてはいけません。］

□ ❻ Is she going to（ア go　イ goes　ウ went）out this afternoon?
　　［彼女は今日の午後，出かける予定ですか。］

□ ❼ Which do you like（ア much　イ better　ウ best）, math or English?
　　［あなたは数学と英語では，どちらのほうが好きですか。］

□ ❽ Would you like（ア something　イ to something to　ウ something to）drink?
　　［何か飲むものはいかがですか。］

★ （　　）内に適する語を入れましょう。

□ ❾ My sister（　　　　）very busy yesterday.［私の姉は昨日，とても忙しかったです。］

□ ❿ My father（　　　　）cats very much.［私の父はネコが大好きです。］

□ ⓫（　　　　）do you have for breakfast?［あなたは朝食に何を食べますか。］

□ ⓬ She finished（　　　　）an e-mail.［彼女はメールを書き終わりました。］

□ ⓭ Why did you go there? −（　　　　）meet my friend.
　　［あなたはなぜそこへ行ったのですか。−友達に会うためです。］

□ ⓮ I（　　　　）to get up early tomorrow.［私は明日早起きしなければなりません。］

□ ⓯ This temple is the（　　　　）in this city.［この寺はこの市でいちばん古いです。］

□ ⓰ Her bag is（　　　　）expensive than mine.［彼女のバッグは私のより高価です。］

★ 日本文を英語に直しましょう。

□ ⓱ 彼はどこに住んでいますか。　［　　　　　　　　　　　　　　　　　　］

□ ⓲ 買い物に行きましょう。　　　［　　　　　　　　　　　　　　　　　　］

□ ⓳ あなたは昨夜，テレビを見ましたか。　［　　　　　　　　　　　　　　　］

□ ⓴ 私は京都を訪れたい。　　　　［　　　　　　　　　　　　　　　　　　］

□ ㉑ 私は母より背が高いです。　　［　　　　　　　　　　　　　　　　　　］

［受け身〜現在完了形］

★ （　　）から最も適するものを選び，記号に○をつけましょう。

□ ❶ English is （ア speak　イ speaking　ウ spoken） in many countries.
　　［英語はたくさんの国で話されています。］

□ ❷ This story was written （ア by　イ on　ウ at） Tom.
　　［この物語はトムによって書かれました。］

□ ❸ This desk is （ア make　イ made　ウ making） of wood.
　　［この机は木でできています。］

□ ❹ （ア Is　イ Do　ウ Have） this letter written in English?
　　［この手紙は英語で書かれていますか。］

□ ❺ We （ア weren't　イ didn't　ウ haven't） seen Lisa since last Friday.
　　［私たちはこの前の金曜日からリサに会っていません。］

□ ❻ （ア Have　イ Did　ウ Are） you ever visited Hawaii?
　　［あなたは今までにハワイを訪れたことがありますか。］

□ ❼ How many （ア people　イ often　ウ times） have you talked with Tom?
　　［あなたはトムと何回話したことがありますか。］

□ ❽ Has Mike done his homework （ア since　イ yet　ウ ever）?
　　［マイクはもう宿題をしましたか。］

★ （　　）内に適する語を入れましょう。

□ ❾ This room （　　　　） used by the students.［この部屋は生徒に使われました。］

□ ❿ Watches （　　　　） sold in this store.［この店で時計は売られていません。］

□ ⓫ The party will （　　　　） held next month.［パーティーは来月，開かれます。］

□ ⓬ When （　　　　） these pictures taken?［これらの写真はいつ撮られましたか。］

□ ⓭ We have been good friends （　　　　） then.［私たちはそのときからずっと仲良しです。］

□ ⓮ Have you had lunch? − No, not （　　　　）.［昼食を食べましたか。−まだです。］

□ ⓯ How （　　　　） have you known Maria? − （　　　　） two years.
　　［あなたはどれくらいの間マリアを知っていますか。−2年間です。］

★ 日本文を英語に直しましょう。

□ ⓰ この歌は若い人たちに好かれています。
　　［　　　　　　　　　　　　　　　　　　　　　　　　］

□ ⓱ 私はこの家に10年間住んでいます。
　　［　　　　　　　　　　　　　　　　　　　　　　　　］

□ ⓲ 私はこの映画を一度も見たことがありません。
　　［　　　　　　　　　　　　　　　　　　　　　　　　］

第1章　不定詞といろいろな文型　♥ 復習 p.20-27 ♥

★　（　　）から最も適するものを選び，記号に○をつけましょう。

□ ❶ I don't know（ア what saying　イ to say what　ウ what to say）.
　　［私は何と言えばいいのかわかりません。］

□ ❷ It's interesting（ア for　イ to　ウ on）me（ア study　イ to study
　　ウ to studying）English.［英語を勉強するのは私にとっておもしろいです。］

★　（　　）内に適する語を入れましょう。

□ ❸ Please tell me（　　　　）to get to the station.［駅への行き方を教えてください。］

□ ❹ Please（　　　　）me Aya.［私をアヤと呼んでください。］

□ ❺ This movie（　　　　）him famous.［この映画で彼は有名になりました。］

★　（　　）内の語を並べかえて，正しい英文にしましょう。

□ ❻ She can't decide（which, buy, to, shirt）.
　　［彼女はどちらのシャツを買えばいいのか決められません。］
　　She can't decide ［　　　　　　　　　　　　　　　　　　　　　］.

□ ❼ Do you want（you, me, help, to）?［私に手伝って欲しいですか。］
　　Do you want ［　　　　　　　　　　　　　　　　　　］?

★　日本文を英語に直しましょう。

□ ❽ この質問に答えることは簡単ではありません。
　　［　　　　　　　　　　　　　　　　　　　　　　　　　　　　］

□ ❾ この知らせは彼を幸せにするでしょう。［　　　　　　　　　　　　　　　　　　　　］

第2章　分詞・関係代名詞・間接疑問文など　♥ 復習 p.28-35 ♥

★　（　　）から最も適するものを選び，記号に○をつけましょう。

□ ❶ This is a picture（ア took　イ taken　ウ taking）in Okinawa.
　　［これは沖縄で撮られた写真です。］

□ ❷ I have an uncle（ア who　イ whose　ウ which）lives in Los Angeles.
　　［私にはロサンゼルスに住んでいるおじがいます。］

□ ❸ Do you know when（ア does he come　イ did he come　ウ he came）to Japan?
　　［彼がいつ日本に来たか知っていますか。］

□ ❹ If I（ア am　イ are　ウ were）there, I could help you.
　　［もし私がそこにいれば，あなたを手伝うことができるのに。］

★ （　　　）内に適する語を入れましょう。

□ ❺ The girl （　　　　　） the piano is Sakura. ［ピアノを弾いている女の子がさくらです。］

□ ❻ The bus （　　　　　） goes to the stadium has just left.
　　［スタジアム行きのバスはちょうど出たところです。］

□ ❼ Can you tell me （　　　） I can get to the station?
　　［どうすれば駅に行けるか教えてくれますか。］

□ ❽ If I （　　　） more money, I （　　　） buy that bag.
　　［もし私にもっとお金があれば，あのかばんが買えるのに。］

□ ❾ I （　　　） I （　　　） a little taller. ［私の背がもう少し高かったらなぁ。］

★ （　　　）内の語を並べかえて，正しい英文にしましょう。

□ ❿ I know (the, likes, boy, Lisa). ［私はリサが好きな男の子を知っています。］
　　I know [　　　　　　　　　　　　　　　　　　　　].

□ ⓫ We don't know (is, girl, who, that). ［私たちはあの女の子が誰か知りません。］
　　We don't know [　　　　　　　　　　　　　　　　　].

第3章　会話表現　♥ 復習 p.36-41 ♥

★ （　　　）から最も適するものを選び，記号に○をつけましょう。

□ ❶ How about (ア go　イ went　ウ going) shopping? ［買い物に行きませんか。］

□ ❷ What's (ア that　イ wrong　ウ for)? － I feel sick. I have a headache.
　　［どうかしましたか。－気分が悪いです。頭痛がします。］

□ ❸ Can I speak to Judy, please? －（ア Speaking.　イ This is it.　ウ That's right.）
　　［ジュディをお願いします。－私です。］

□ ❹ Can I help you? －（ア Here you are.　イ That's too bad.　ウ I'm just looking.）
　　［いらっしゃいませ。－見ているだけです。］

□ ❺ Can I take a message? － No, thank you. (ア I'll call back later.　イ Go down
　　this street.　ウ Thank you for calling.)
　　［伝言を受けましょうか。－いいえ，結構です。あとでかけ直します。］

chapstick

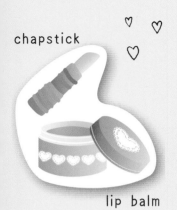

lip balm

「リップ」も「メガネ」も put on

「リップをつける」とか「メガネをかける」って，英語でどう言うか知ってる？ put on を使うよ。「リップをつける」なら put on chapstick，「メガネをかける」なら put on my glasses って言うよ。

glasses

makeup bag

ガールズライフコラム

Girl's Life
Column

ポーチに入っているアイテムや小物に関する英語の単語・表現をチェックしよう！

「似合ってるね」は look で☆

友だちが着ている洋服について「似合ってるね」とほめるときは，look を使ってみよう。You look good in red. と言えば「赤が似合うね」という意味，You look good with that hat. なら「その帽子，似合ってるね」という意味になるよ。

scrunchy

comb

like でほめよう！

I like your 〜! （私はあなたの〜が好き！）って言って，相手の服や持ち物を「いいね！」ってほめることができるよ。友だちが着ているセーターを「いい！」って思ったら，I like your sweater!（そのセーターいいね！），友だちが髪型を変えたら，I like your new hairstyle!（新しい髪型，いいね！）って言ってみよう。

hand mirror

nail polish

Mathematics

数学の勉強が始まるよ。

1 中1の重要公式・定理のまとめ

まずは，中1で習ったところを確認しよう。計算のきまりや，比例・反比例の式，
図形の公式は，3年生の内容にもつながっているよ。

数と式の計算

かっこのはずし方

$+(a+b)$ ➡ $+a+b$

$+(a-b)$ ➡ $+a-b$

$-(a+b)$ ➡ $-a-b$

$-(a-b)$ ➡ $-a+b$

※ $-(\quad)$ のときの符号の変化に注意!!

式を簡単にする

文字の部分が同じ項を，
$$mx+nx=(m+n)x$$
を使ってまとめる。

分配法則

$$a(b+c)=ab+ac$$

四則の混じった計算の順序

$$\left[\begin{array}{l}\text{かっこの中}\\ \text{・累乗}\end{array}\right]$$
$$\downarrow$$
$$[\quad\text{乗除}\quad]$$
$$\downarrow$$
$$[\quad\text{加減}\quad]$$

1次方程式

等式の性質

$A=B$ ならば，

① $A+C=B+C$

② $A-C=B-C$

③ $A\times C=B\times C$

④ $\dfrac{A}{C}=\dfrac{B}{C}$ $(C\neq 0)$

比例式の性質

$a:b=c:d$ ならば $ad=bc$

比例と反比例

比例の関係

・比例の式
$$y=ax$$ （aは比例定数）

・グラフは直線

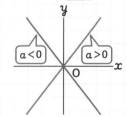

反比例の関係

・反比例の式
$$y=\dfrac{a}{x}$$ （aは比例定数）

・グラフは双曲線

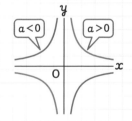

図形の移動

平行移動

回転移動

回転の中心

対称移動

対称の軸

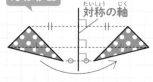

作図

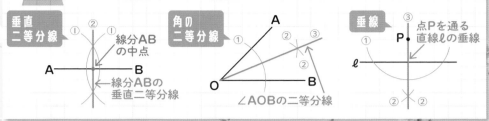

垂直二等分線

線分ABの中点

線分ABの垂直二等分線

角の二等分線

∠AOBの二等分線

垂線

点Pを通る直線ℓの垂線

円とおうぎ形 （π…円周率）

円

円周の長さ　$\ell = 2\pi r$

円の面積　　$S = \pi r^2$

おうぎ形

弧の長さ　$\ell = 2\pi r \times \dfrac{a}{360}$

面積　　　$S = \pi r^2 \times \dfrac{a}{360}$

角柱と円柱 （π…円周率）

体積

$V = Sh$

表面積 ➡ 側面積 ＋ 底面積 × 2

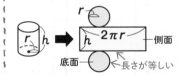

角錐と円錐 （かくすい）

体積

$V = \dfrac{1}{3}Sh$

表面積 ➡ 側面積 ＋ 底面積

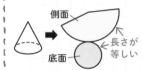

球 （π…円周率）

体積　　$V = \dfrac{4}{3}\pi r^3$

表面積 $S = 4\pi r^2$

データの分析

相対度数（そうたいどすう）＝ $\dfrac{その階級の度数}{度数の合計}$

平均値＝ $\dfrac{（階級値 × 度数）の合計}{度数の合計}$ （度数分布表から求める場合。）

範囲（はんい）＝最大値 － 最小値

2 中2の重要公式・定理のまとめ

次は，中2で習ったところだよ。図形の合同条件は，証明でよく出てくるから要チェック!!
そのほかも，どれもよく使う大事なものばかり!!　しっかり確認しておこう。

式の計算

同類項
文字の部分が
まったく同じ項。

数×多項式 の加減

分配法則 $a(b+c)=ab+ac$ でかっこをはずして，同類項をまとめる。

例 $2(3a+b)-4(5a-3b)=6a+2b-20a+12b$
$=6a-20a+2b+12b$ ← 同類項をまとめる
$=-14a+14b$

単項式の乗法

係数の積に文字の積をかける。

例 $3xy \times 5x = 3 \times x \times y \times 5 \times x$
$=3 \times 5 \times x \times x \times y$
$=15x^2y$

単項式の除法

- 逆数をかけるかけ算になおす。
- 分数の形にして約分する。

例 $15x^2y \div 3x = 15x^2y \times \dfrac{1}{3x} = \dfrac{15x^2y}{3x} = 5xy$

連立方程式

1つの文字を消去して，他の文字についての方程式をつくる。

例 $\begin{cases} 6x-y=1 & \cdots① \\ 4x-3y=17 & \cdots② \end{cases}$

加減法

yを消去

①×3－②より，
$\begin{array}{r} 18x-3y=3 \\ -)\ 4x-3y=17 \\ \hline 14x=-14 \end{array}$
$x=-1$

①に代入して，
$6 \times (-1)-y=1,\ y=-7$

代入法

①より，$y=6x-1 \cdots①'$
これを②に代入して，
$4x-3(6x-1)=17$
$-14x=14$
$x=-1$

①′に代入して，
$y=6 \times (-1)-1=-7$

1次関数

1次関数の式 $y=ax+b$
傾き　切片

変化の割合
$\dfrac{y の増加量}{x の増加量}=a$（一定）

$y=ax+b$ のグラフ

傾きa，切片bの直線

$\begin{cases} a>0 \Rightarrow 右上がり \\ a<0 \Rightarrow 右下がり \end{cases}$

［$a>0$のとき］

$y=ax+b$

図形の角の性質

対頂角

対頂角は等しい。

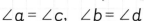

$\angle a = \angle c, \quad \angle b = \angle d$

同位角と錯角

$\ell /\!/ m$ ならば,

$\angle a = \angle b, \quad \angle a = \angle c$

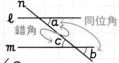

三角形の内角と外角

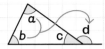

$\angle a + \angle b + \angle c = 180°$

$\angle a + \angle b = \angle d$

三角形と四角形

三角形の合同条件

- 3組の辺がそれぞれ等しい。
- 2組の辺とその間の角がそれぞれ等しい。
- 1組の辺とその両端の角がそれぞれ等しい。

二等辺三角形の性質

〈定義〉2つの辺が等しい三角形。

〈定理〉 ● 2つの底角は等しい。
- 頂角の二等分線は,
底辺を垂直に2等分する。

平行四辺形の性質

〈定義〉2組の対辺がそれぞれ平行な四角形。

〈定理〉 ● 2組の対辺はそれぞれ等しい。
- 2組の対角はそれぞれ等しい。
- 対角線はそれぞれの中点で交わる。

確率

ことがらAの起こる確率… $p = \dfrac{a}{n}$ $\left(\begin{array}{l} a \cdots \text{Aの起こる場合の数} \\ n \cdots \text{すべての起こりうる場合の数} \end{array}\right)$

（どれが起こることも同様に確からしいとする。） ｜確率pの範囲｜ $0 \leqq p \leqq 1$

四分位範囲と箱ひげ図

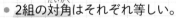
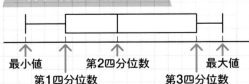

最小値　第2四分位数　最大値
第1四分位数　　　　　第3四分位数

（四分位範囲）
＝（第3四分位数）－（第1四分位数）

3 式の展開，乗法公式

多項式の計算についてまとめよう。単項式×多項式，多項式×多項式を，
単項式だけのたし算の形で表すことを，「式を展開する」というよ。

単項式と多項式の乗除

単項式×多項式

分配法則を使って
かっこをはずす。

例 $2x(3x + 4y)$

　$= 2x \times 3x + 2x \times 4y$

　$= 6x^2 + 8xy$

分配法則

POINT!
分配法則
$a(b+c) = ab + ac$

多項式÷単項式

わり算は，逆数を
使ってかけ算に
なおす。

逆数

例 $(8a^2 - 12a) \div 4a$

　$= (8a^2 - 12a) \times \dfrac{1}{4a}$

　$= 8a^2 \times \dfrac{1}{4a} + (-12a) \times \dfrac{1}{4a}$

　$= 2a - 3$

$4a$の逆数をかける

分配法則

かけ算も，わり算も，どっちも分配法則を使うんだね！

わり算も，逆数を使えばかけ算に変身するから，カンタンでしょ？

多項式×多項式

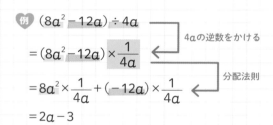

$\left[\begin{array}{c} (a+b)(c+d) \\ = \underline{ac} + \underline{ad} + \underline{bc} + \underline{bd} \\ \ ① \quad\ ② \quad\ ③ \quad\ ④ \end{array} \right.$

POINT!
①～④の順に計算する。

例 $(x-5)(y+3) = \underline{xy} + \underline{3x} - \underline{5y} - \underline{15}$
　　　　　　　　　　　 ①　　 ②　　 ③　　 ④

① $x \times y = xy$　　　　② $x \times 3 = 3x$

③ $(-5) \times y = -5y$　　④ $(-5) \times 3 = -15$

あれ？　今度は（ ）（ ）の計算だ。このかたちでも，分配法則って使えるの？

だいじょうぶ！
$(a+b)(c+d) = ac + ad + bc + bd$
になるんだよ。

乗法公式

❶ $(x+a)(x+b) = x^2 + \underset{\text{和}}{(a+b)}x + \underset{\text{積}}{ab}$ ➡ **例**
$(x+3)(x+6)$
$= x^2 + (3+6)x + 3\times 6$
$= x^2 + 9x + 18$

❷ $(x+a)^2 = x^2 + \underset{\text{2倍}}{2ax} + \underset{\text{2乗}}{a^2}$ ➡ **例**
$(x+4)^2$
$= x^2 + 2\times 4\times x + 4^2$
$= x^2 + 8x + 16$

❸ $(x-a)^2 = x^2 - \underset{\text{2倍}}{2ax} + \underset{\text{2乗}}{a^2}$ ➡ **例**
$(x-3)^2$
$= x^2 - 2\times 3\times x + 3^2$
$= x^2 - 6x + 9$

❹ $\underset{\text{和と差の積}}{(x+a)(x-a)} = \underset{\text{2乗の差}}{x^2 - a^2}$ ➡ **例**
$(x+5)(x-5)$
$= x^2 - 5^2 = x^2 - 25$

公式を使う練習をしよう！
$(x+3)(x-5)$ を，❶の公式を利用して展開すると？

ええ!? なにその形？
どの公式も使えなさそう…

$(x+3)(x-5)$
$= x^2 + (3-5)x + 3\times(-5)$
$= x^2 - 2x - 15$
だよね。

だいじょうぶ!!
$2x$ をかたまりとみてみよう。
❸の公式が使えるよ。

さすが！ バッチリだね。じゃあ，
$(2x-y)^2$ の展開は，どう計算すればいいかな？

あ!! ほんとだ。
$(2x-y)^2 = (2x)^2 - 2\times y\times 2x + y^2$
$= 4x^2 - 4xy + y^2$
だね！

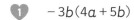

check! 次の式を展開しよう ♥ ♥ ♥　　　♥ 答えは p.58 だよ。

❶ $-3b(4a+5b)$

❷ $(15a^2 - 9ab)\div 3a$

❸ $(x+4)(y-2)$

❹ $(x+7)^2$

❺ $(x-9)^2$

❻ $(x+3)(x-3)$

因数分解

次は因数分解だよ。因数分解は展開の逆をするだけ!!
言葉は難しいけど，公式を身につければだいじょうぶ！

因数分解

> 積の形で表される1つ1つの数や式を因数というよ。

多項式をいくつかの因数の積の形に表すことを，因数分解するという。

共通因数をくくり出す

$$ab + ac = a(b + c)$$

例 $3x^2 - 12xy = 3 \times x \times x - 3 \times 4 \times x \times y$

共通因数

$$= 3x(x - 4y)$$

因数分解の公式

$$
\begin{array}{l}
❶\ x^2 + (a+b)x + ab = (x+a)(x+b) \\
❷\ x^2 + 2ax + a^2 = (x+a)^2 \\
❸\ x^2 - 2ax + a^2 = (x-a)^2 \\
❹\ x^2 - a^2 = (x+a)(x-a)
\end{array}
$$

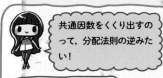

共通因数をくくり出すのって，分配法則の逆みたい！

そうだね。
それぞれの項で，同じ数や文字を見つけよう！

因数分解にも公式があるんだね。ん？ どこかで見た気が…
あ!! 乗法公式の逆になってる!?

そのとおり！
展開の逆が因数分解！
積の形にもどすんだ。

因数分解の公式の使い方①

例 $x^2 + 6x + 9$ を因数分解すると？

$6 = 2 \times 3$　　$9 = 3^2$

➡ 公式❷ $x^2 + 2ax + a^2 = (x+a)^2$
が使える。

$$
\begin{aligned}
& x^2 + 6x + 9 \\
={}& x^2 + 2 \times 3 \times x + 3^2 \\
={}& (x+3)^2
\end{aligned}
$$

例 $x^2 - 6x + 9$ を因数分解すると？

➡ 公式❸ $x^2 - 2ax + a^2 = (x-a)^2$ が使える。
$$x^2 - 6x + 9 = (x-3)^2$$

公式の選び方

① $x^2 + ● x + ■$ のとき，■に注目して，
■がある数の2乗なら ➡ 公式❷,❸
そうでないとき ➡ 公式❶

② $x^2 - ▲^2$ のとき ➡ 公式❹

式の形に着目して，どの公式が使えるかを考えよう。

p.57 の check! の答え ❶ $-12ab - 15b^2$　❷ $5a - 3b$　❸ $xy - 2x + 4y - 8$
❹ $x^2 + 14x + 49$　❺ $x^2 - 18x + 81$　❻ $x^2 - 9$　➡ 詳しい解説はp.222を見てね。

因数分解の公式の使い方②

例 $x^2 + 6x + 8$ を因数分解すると？

➡ 公式❶ $x^2 + (a+b)x + ab = (x+a)(x+b)$ より，
$a+b=6$ で，$ab=8$ となる a と b の値を見つける。

かけて8	たして6
1と8	×
−1と−8	×
2と4	○
−2と−4	×

左の表のように，たして6，かけて8になる
数の組は2と4だから，

$x^2 + 6x + 8$
$= x^2 + (2+4)x + 2 \times 4$
$= (x+2)(x+4)$

たして6，かけて8になる2つの数を探すのかぁ。

そうだよ。まずは，かけて8になる数から調べよう。
かけて正になるから，正と正，負と負の組み合わせを考えてね。

いろいろ組み合わせを考えなきゃね。ファッションと一緒だ♪

例 $x^2 - 49$ を因数分解すると？

x の項がない！　　$49 = 7^2$

➡ 公式❹ $x^2 - a^2 = (x+a)(x-a)$ が使える。

$x^2 - 49$
$= x^2 - 7^2$
$= (x+7)(x-7)$

---

check! 次の式を因数分解しよう ♥ ♥ ♥

答えは p.60 だよ。

❶ $x^2 + 10x + 25$

❷ $x^2 + 11x + 18$

❸ $x^2 - 7x + 12$

❹ $x^2 - 64$

5

平方根
（へいほうこん）

2乗（平方）すると a になる数を，a の平方根というよ。
平方根の性質や，根号をふくむ計算のしかたを確認しよう。

平方根（へいほうこん）

平方根の性質

1 正の数の平方根
　…正の数と負の数があり，
　　その絶対値は等しい。

　例 16の平方根は，4と−4　　[正と負の2つ!!]

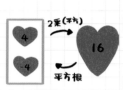

2 負の数の平方根…ない。　**3** 0の平方根…0

根号 √

[ルート a とよむ]

a の平方根（$a > 0$）➡ $\sqrt{a}$ と $-\sqrt{a}$

例 7の平方根は，$\pm\sqrt{7}$

例 25の平方根は，± 5

$$\sqrt{25} = \sqrt{5^2} = 5$$
$$-\sqrt{25} = -\sqrt{5^2} = -5$$

2乗したらaになる数が，
aの平方根？

そうだね。＋と−で2つ
あるから注意！

√は根号っていうんだ。
家の屋根みたいだね。

√は，中の数字によって
はとれるんだよ。

あ‼ √の中が2乗になっ
たら，屋根がとれる〜！

2乗にならない数字は，
√の中に残るんだよ。

根号をふくむ式のかけ算とわり算

かけ算

$$\left[\ \sqrt{a} \times \sqrt{b} = \sqrt{ab}\ \right]$$

例 $\sqrt{3} \times \sqrt{7} = \sqrt{3 \times 7} = \sqrt{21}$

わり算

$$\left[\ \sqrt{a} \div \sqrt{b} = \frac{\sqrt{a}}{\sqrt{b}} = \sqrt{\frac{a}{b}}\ \right]$$

例 $\sqrt{18} \div \sqrt{2} = \frac{\sqrt{18}}{\sqrt{2}} = \sqrt{\frac{18}{2}}$
$= \sqrt{9} = \sqrt{3^2} = 3$

次はかけ算とわり算だね。

かけ算は，√の中の数
どうしをかけるんだよ。
かけたあと，√の中があ
る数の2乗になっている
ときは，√をはずそうね。

根号のついた数の変形

$$\left[\ \sqrt{a^2 b} = a\sqrt{b}\ \right]$$

例 $\sqrt{20} = \sqrt{2^2 \times 5}$　← 20を素因数分解して
2乗の因数を見つける
$= \sqrt{2^2} \times \sqrt{5} = 2\sqrt{5}$　← $a\sqrt{b}$ の形に変形

了解！
あと，わり算は分数の形
にするんだね。

p.59 の check! の答え　**1** $(x+5)^2$　**2** $(x+2)(x+9)$　**3** $(x-3)(x-4)$　**4** $(x+8)(x-8)$

詳しい解説はp.222を見てね。

根号をふくむ式のたし算とひき算

$$\left[\ m\sqrt{a} \pm n\sqrt{a} = (m \pm n)\sqrt{a}\ \right]$$

例 $3\sqrt{5} + 6\sqrt{5}$
$= (3+6)\sqrt{5} = 9\sqrt{5}$

例 $3\sqrt{5} - 6\sqrt{5}$
$= (3-6)\sqrt{5} = -3\sqrt{5}$

> $\sqrt{5}$ を a とみると，
> $3a + 6a = 9a$
> $3a - 6a = -3a$

√ の中が簡単になるときは？

例 $\sqrt{18} + 2\sqrt{2}$
$= 3\sqrt{2} + 2\sqrt{2} = 5\sqrt{2}$

 ★POINT!
$\sqrt{18} = \sqrt{2 \times 3^2} = 3\sqrt{2}$

分母の有理化

分母に $\sqrt{\ }$ をふくまない形に変形すること。

$$\left[\ \frac{a}{\sqrt{b}} = \frac{a \times \sqrt{b}}{\sqrt{b} \times \sqrt{b}} = \frac{a\sqrt{b}}{b}\ \right]$$

例 $\dfrac{5}{\sqrt{3}} = \dfrac{5 \times \sqrt{3}}{\sqrt{3} \times \sqrt{3}} = \dfrac{5\sqrt{3}}{3}$

 変身

 $\sqrt{5} + \sqrt{2}$ のようなときは，これ以上まとめることはできないよ。うっかりミスに注意！！

$\sqrt{5} + \sqrt{2} = \sqrt{5+2} = \sqrt{7}$ とはできないんだね。確かに，キケン〜！！

近似値

近似値−真の値＝誤差

近似値 真の値ではないが，それに近い値。 例 $\sqrt{2}$ の近似値は1.41

有効数字 近似値を表す数字のうち，信頼できる数字。

例 5.20×10^3 m…有効数字は5，2，0 例 5.2×10^3 m…有効数字は5，2

---

check!

次の問いに答えよう ♥ ♥ ♥

♥答えは p.62 だよ。

1 次の数の平方根は？

(1) 64 　　　　(2) 15

2 次の計算をしよう。

(1) $\sqrt{6} \times \sqrt{12}$ 　　　　(2) $\sqrt{27} \div \sqrt{3}$

(3) $\sqrt{3} + \sqrt{27}$ 　　　　(4) $\sqrt{28} - \sqrt{63}$

3 $\dfrac{6}{\sqrt{8}}$ の分母を有理化すると？

6 2次方程式の解き方①

2次方程式は，（2次式）＝0 の形に表せる方程式のことだよ。
1次方程式とちがって，ふつう解は2つあるから，注意してね。

2次方程式と解

2次方程式 $ax^2+bx+c=0$

（a, b, c は定数，$a \neq 0$）

2次方程式の解

2次方程式を成り立たせる文字の値は，ふつう2つある。

解はふつう 2つあるよ

平方根の考え方を使った解き方

$ax^2-b=0$の形 $x^2=\dfrac{b}{a}$ ➡ $x=\pm\sqrt{\dfrac{b}{a}}$

$\left[\begin{array}{l} ax^2=b \text{ の形にする。} \\ \qquad\blacktriangledown \\ x^2=\dfrac{b}{a} \text{ の形にする。} \end{array}\right]$

例 $5x^2-45=0$ ← −45を右辺へ移項
$\quad 5x^2=45$ ← 両辺を5でわる
$\quad\quad x^2=9$ ← 9の平方根を求める
$\quad\quad x=\pm 3$

$(x+m)^2=n$の形 $x+m=\pm\sqrt{n}$ ➡ $x=-m\pm\sqrt{n}$

$\left[\begin{array}{l} (x+m) \text{ を} \\ \text{ひとまとまり} \\ \text{とみる。} \end{array}\right]$

例 $(x+7)^2=36$ ← $x+7$をひとまとまりとみる
$\quad x+7=\pm 6$
$\quad\quad x=-7\pm 6$
$\begin{cases} x=-7+6 \text{ より，} x=-1 \\ x=-7-6 \text{ より，} x=-13 \end{cases}$

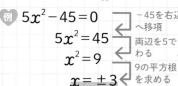

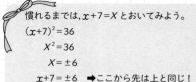

慣れるまでは，$x+7=X$ とおいてみよう。
$\quad (x+7)^2=36$
$\quad\quad X^2=36$
$\quad\quad X=\pm 6$
$\quad x+7=\pm 6$ ➡ここから先は上と同じ！

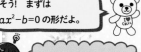
2次方程式でも平方根が出てくるの？

そう！まずは $ax^2-b=0$ の形だよ。

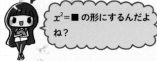
$x^2=\blacksquare$ の形にするんだよね？

そうだよ。2乗すると■になる数は■の平方根だから…!?

そうか，x は■の平方根になるんだね。

平方根は＋と－があることを忘れないで！

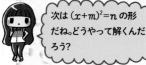
次は $(x+m)^2=n$ の形だね。どうやって解くんだろう？

$(x+m)^2$ を X^2 として，$X^2=n$ としちゃえば，スッキリ♪

あ!! 本当だ！これなら上の形と同じだから，$X=\pm\sqrt{n}$ になるね。
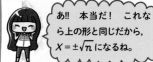

X を元に戻して，$\sqrt{n}$ の符号が＋のときと－のときで，x の値を求めよう。

p.61 の check! の答え ❶ (1)±8 (2)±√15 ❷ (1)6√2 (2)3 (3)4√3 (4)−√7 ❸ $\dfrac{3\sqrt{2}}{2}$

⟹ 詳しい解説はp.222を見てね。

2次方程式の解の公式

$$\left[\begin{array}{l} 2次方程式\ \ ax^2+bx+c=0\ (a,\ b,\ cは定数,\ a\neq0)\ の解は, \\[2mm] \qquad x=\dfrac{-b\pm\sqrt{b^2-4ac}}{2a} \end{array} \right]$$

例 2次方程式 $3x^2-2x-6=0$ の解は？

➡ 解の公式に，$a=3$，$b=-2$，$c=-6$ を代入すると，

$$x=\frac{-(-2)\pm\sqrt{(-2)^2-4\times3\times(-6)}}{2\times3\ \leftarrow a}$$

代入するとき，
負の数には（ ）
をつける

$$=\frac{2\pm\sqrt{76}}{6}$$

$\sqrt{\ }$ の中は
できるだけ
簡単にする

$$=\frac{2\pm2\sqrt{19}}{6}$$

$$=\frac{1\pm\sqrt{19}}{3}$$

約分できる
ときは
約分する

解の公式は最終手段だよ!!
解の公式は便利だけど，計算が
複雑になるから，計算ミスも増え
るよ。まずは平方根の考え方や，
64ページの因数分解を使った解
き方ができないか，トライしてみ
よう。

最終手段

ムリで
しょ!!

わわわ!!
何か難しそうな式が出てきたー！

p.62やp.64で紹介した解き方が難しかっ
たら，解の公式にあてはめてみよう!!

解の公式だよ!!
ちょっと複雑だけど，正確に覚えてお
こうね。

そっかー。解の公式なら，いつで
も解けるんだね。

これって，どんなときに使うの??

そうなんだよ。
答えるときは,$\sqrt{\ }$ の中は簡単にしよう！
約分できるときは約分してね。

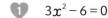

check! 次の2次方程式の解を求めよう ♥ ♥ ♥

♥ 答えは p.64 だよ。

❶ $3x^2-6=0$

❷ $(x-2)^2=49$

❸ $4x^2-x-1=0$

❹ $2x^2+3x-9=0$

2次方程式の解き方②

2次方程式には，因数分解を使うと解けるものがあるよ。
ちょっと難しいけど，テストに必ず出るから，文章題もチェックしておこう。

因数分解を使った解き方

POINT!
$$x^2 + (a+b)x + ab = (x+a)(x+b)$$

左辺を因数分解する。
$$(x+a)(x+b) = 0$$

↓

$x+a = 0 \Rightarrow x = -a$
または
$x+b = 0 \Rightarrow x = -b$

例
$$x^2 - 6x + 8 = 0$$ ← 左辺を因数分解
$$(x-2)(x-4) = 0$$
$x-2 = 0$　または　$x-4 = 0$ ← 2つの数 A，Bで，$AB = 0$ ならば $A = 0$，または $B = 0$

↓　　　　　↓

$x = 2$　　　　　$x = 4$

解は，$x = 2$，$x = 4$

 2次方程式を解くのに，因数分解も使えるんだぁ〜。

うん！　因数分解の公式はp.58にあるから，確認しておいてね!!

いろいろな2次方程式の解き方

① 式を $ax^2 + bx + c = 0$ の形に整理する。
・（　）があれば，はずす。
・係数が分数なら，分母をはらう。
・小数なら，10，100…をかける。

② 因数分解 または 解の公式 を利用して解く。

例
$$(x-3)^2 = 2x - 7$$ ← 左辺を展開
$$x^2 - 6x + 9 = 2x - 7$$ ← 方程式を整理
$$x^2 - 8x + 16 = 0$$ ← 左辺を因数分解
$$(x-4)^2 = 0$$

$x - 4 = 0$ より，

 $x = 4$ ← 2次方程式の解は，1つの場合もあるよ。

POINT!

$$x^2 - 2ax + a^2 = (x-a)^2$$

 うわぁ〜。
何か難しそうな問題が出てきた〜。

だいじょうぶ!!　分配法則や乗法公式で1つずつていねいに整理していこう。

 展開して，整理して，因数分解して…
あ!!　ホントだ!!

係数が分数や小数のときも，あわてず，係数を整数に直そうね。

p.63 の check! の答え ❶ $x = \pm\sqrt{2}$ ❷ $x = -5, x = 9$ ❸ $x = \dfrac{-1 \pm \sqrt{17}}{8}$ ❹ $x = \dfrac{3}{2}, x = -3$

詳しい解説はp.222を見てね。

2次方程式の文章題

例 ある自然数と，その自然数より3大きい自然数があります。それぞれを2乗した数の和が117になるとき，2つの自然数は？

手順① 何をxとするかを決める。

ある自然数をxとすると，その自然数より3大きい自然数は，$x+3$ と表せる。

手順② 等しい数量の関係を見つける。

（ある自然数）^{2}＋（ある自然数＋3）^{2}＝117

だから，方程式は，

手順③ 方程式をつくる。

$x^2+(x+3)^2=117$

$$x^2+x^2+6x+9=117$$
$$2x^2+6x-108=0$$
$$x^2+3x-54=0$$
$$(x-6)(x+9)=0$$

手順④ 方程式を解く。

これを解いて，$x=6$，$x=-9$

手順⑤ 解の検討をする。

x は自然数だから，-9は問題にあわない。

$x=6$ は問題にあうので，

求める自然数は，6と9 ← 6+3

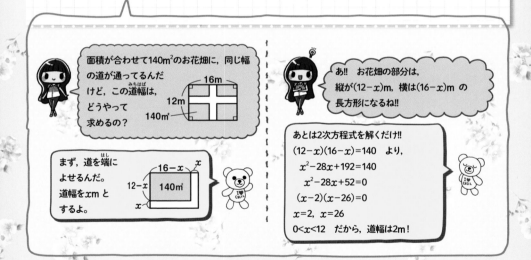

面積が合わせて140m^{2}のお花畑に，同じ幅の道が通ってるんだけど，この道幅は，どうやって求めるの？

16m
12m
140m^2

まず，道を端によせるんだ。道幅をxmとするよ。

16$-x$　x
12$-x$　140m^2
x

あ!! お花畑の部分は，縦が$(12-x)$m，横は$(16-x)$m の長方形になるね!!

あとは2次方程式を解くだけ!!

$(12-x)(16-x)=140$ より，
$x^2-28x+192=140$
$x^2-28x+52=0$
$(x-2)(x-26)=0$
$x=2$，$x=26$
$0<x<12$ だから，道幅は2m！

---

check! 次の2次方程式の解を求めよう ♡ ♡ ♡

答えはp.66だよ。

1 $x^2+11x+24=0$

2 $x^2-6x-40=0$

3 $x^2+5x=x-4$

4 $2x^2+6x=(x-1)^2-17$

8 関数 $y=ax^2$

3年でも関数を習います!! 「y が x の2乗に比例する関数」だよ。
まずは，この関数の式や性質，グラフの特徴をチェックしよう。

関数 $y=ax^2$ の性質

y が x の2乗に比例する関数の式

$$y=ax^2 \quad (a は定数，a \neq 0)$$

$y=ax^2$ で表される関係

❶ x の値が2倍，3倍，…，になると，
y の値は4倍，9倍，…，になる。
　　　　　　 2^2 　 3^2

❷ $\dfrac{y}{x^2}$ の値は一定 $\left(\dfrac{y}{x^2}=a\right)$

例 y は x の2乗に比例し，$x=-4$ のとき，$y=32$ です。
このとき，y を x の式で表すと？

➡ 式を $y=ax^2$ とおくと，$x=-4$，$y=32$ を代入して，
$32=a\times(-4)^2$ より，$32=a\times16$，$a=2$
よって，$y=2x^2$

「y は x の2乗に比例する」って，どういうこと??

x が□倍になると，y は□²倍になるんだ。

んーっと…。
例えば，x が5倍になると，y は5^2で，25倍!?

その通り!! 次は，y を x の式で表してみよう。

えーっと，x と y の値を代入して，a の値を求めるんだね。

そうだよ!! 式の形はちがっても，代入して a の値を求めるのは，比例や1次関数と同じだね。

関数 $y=ax^2$ のグラフ

$y=ax^2$ のグラフ ➡ 原点を通り，y 軸について
　　　　　　　　　　対称な曲線(放物線)

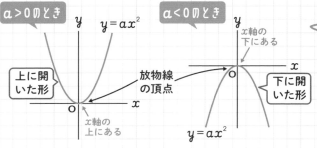

$a>0$ のとき y 　 $y=ax^2$
上に開いた形
放物線の頂点
x軸の上にある
O 　 x

$a<0$ のとき y
x軸の下にある
下に開いた形
O 　 x
$y=ax^2$

a の値が正か負かで，グラフの向きがちが～う!!

うん。上に開いたり，下に開いたりしてるね。

$y=ax^2$ のグラフって，細長かったり，横に広がってたりするよね？

そうなんだ。aの値の絶対値が大きいほど，グラフの開き方は小さく，細長い形になるんだよ。

p.65 の check! の答え ❶ $x=-3，x=-8$ ❷ $x=10，x=-4$
❸ $x=-2$ ❹ $x=-4$ ▷▷ 詳しい解説はp.222を見てね。

式を $y = ax^2$ とおく。 ➡ グラフが通る点の x 座標，y 座標の値を
（aは比例定数）　　　　　　$y = ax^2$ に代入して，a の値を求めるよ。

例 右のグラフは，y が x の2乗に比例する関数の
グラフです。このグラフの式は？

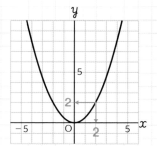

➡ 式を，$y = ax^2$ とおく。グラフは点(2，2) を
通るから，
　　　　　　　　↑
　　　　　通る点を見つけよう!!

$y = ax^2$ に $x = 2$，$y = 2$ を代入して，

$2 = a \times 2^2$ より，$2 = a \times 4$，$a = \dfrac{1}{2}$

よって，$y = \dfrac{1}{2}x^2$

$y = ax^2$ のグラフから式を求めるとき
は，まずグラフが通る点の座標を読
みとるんだね。

それじゃ，$(-2，2)$，$(4，8)$，
$(-4，8)$ を代入して求めてもいいの？

そう。x 座標も y 座標も整数の点を
選んでね。

もちろん!!
答えは同じになるはずだから，ためし
てみてね。

check!　　次の問いに答えよう ♥ ♥ ♥　　　答えは p.68 だよ。

1 次の(1)，(2)で y が x の2乗に比例するとき，

y を x の式で表すと？

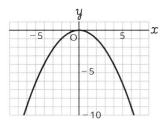

　(1)　$x = 3$ のとき，$y = 27$

　(2)　$x = -5$ のとき，$y = -50$

2 右のグラフは，y が x の2乗に比例する関数の
グラフです。このグラフの式は？

9 関数 $y=ax^2$ の変域と変化の割合

次は，関数 $y=ax^2$ の変域や変化の割合を確認しよう!!
変域とは，変数の取りうる値の範囲のことだったね。覚えているかな？

変域

$$[\;x \text{ の変域に0をふくむ} \Rightarrow y \text{ の最大値 または 最小値は0}\;]$$

x の変域に0をふくまない場合

例 $1 \leqq x \leqq 2$ のとき

$\Downarrow$

$1 \leqq y \leqq 4$

$x=1$ のとき， $x=2$ のとき，
$y=1^2=1$ $\quad$ $y=2^2=4$

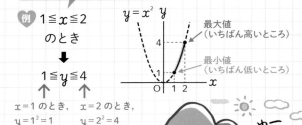

最大値（いちばん高いところ）
最小値（いちばん低いところ）

x の変域に0をふくむ場合

例 $-2 \leqq x \leqq 1$ のとき

$\Downarrow$

$0 \leqq y \leqq 4$

$x=0$ のとき， $x=-2$ のとき，
$y=0$ $\quad$ $y=(-2)^2=4$

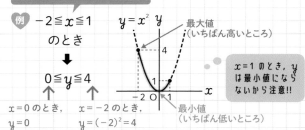

最大値（いちばん高いところ）

$x=1$ のとき，y は最小値にならないから注意!!

最小値（いちばん低いところ）

関数 $y=ax^2$ の変化の割合

変化の割合を求める式

$$\text{変化の割合} = \frac{y \text{の増加量}}{x \text{の増加量}}$$

x がどの値からどの値まで増加するかによって，変化の割合は異なる。

$\Downarrow$

$y=ax^2$ の変化の割合は一定ではない。

変域の問題って，中2の1次関数でもやったよね。

うん。関数 $y=ax^2$ の場合も，求め方は同じ。

じゃあできそう!!

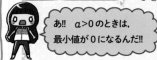

ただし，x の変域に0をふくむ場合は要注意!!

あ!! $a>0$ のときは，最小値が0になるんだ!!

そう。$a<0$ のときは，最大値が0になるんだよ。グラフの略図をかいてみると，わかりやすいね。

変化の割合って，a と等しいんじゃなかった？

それは，$y=ax$ の比例や，$y=ax+b$ の1次関数のときだよ。

そっかぁ。じゃあ計算しないといけないね。

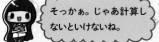

そうだね。x と y の増加量を求めて，変化の割合を求める式に代入しよう!!

p.67の check! の答え ❶ (1) $y=3x^2$ (2) $y=-2x^2$ ❷ $y=-\dfrac{1}{4}x^2$

⇒ 詳しい解説はp.222を見てね。

変化の割合の求め方

例 $y=3x^2$ で，x が2から5まで増加した
ときの変化の割合は？

➡ $x=2$ のとき，$y=3\times 2^2=12$
　$x=5$ のとき，$y=3\times 5^2=75$

よって，$\dfrac{75-12}{5-2}=\dfrac{63}{3}=21$

（y の増加量）
（x の増加量）

例 $y=3x^2$ で，x が -4 から -1 まで増加
したときの変化の割合は？

➡ $x=-4$ のとき，$y=3\times(-4)^2=48$
　$x=-1$ のとき，$y=3\times(-1)^2=3$

よって，$\dfrac{3-48}{-1-(-4)}=\dfrac{-45}{3}=-15$

（y の増加量）
（x の増加量）

☆ POINT!
変化の割合は一定ではない!!

増加量って，どっちから
どっちをひいてもいいの？

x と y が正しいペアにな
っていればOKだよ。

($\heartsuit$, $\star$)と($\heartsuit$, $\star$)なら，
$\dfrac{\star - \star}{\heartsuit - \heartsuit}$ か，$\dfrac{\star - \star}{\heartsuit - \heartsuit}$
ってことね。

そうだよ!!
まちがえないように気を
つけてね。

はーい。
増加といえば，最近体重
が増加傾向に…

せ，成長期だからだ
よ…

---

check! 次の問いに答えよう ♥ ♥ ♥

♥ 答えは p.70 だよ。

♥ x の変域が次のときの，y の変域は？

(1) 関数 $y=3x^2$ で，$2\leqq x\leqq 4$ のとき

(2) 関数 $y=-2x^2$ で，$-3\leqq x\leqq 1$ のとき

♥ 次の関数の変化の割合は？

(1) $y=x^2$ で，x が1から6まで増加するとき

(2) $y=-5x^2$ で，x が -4 から -1 まで増加するとき

相似な図形①

形も大きさも同じ図形は合同だったね。ここからは，形は同じだけど大きさのちがう，相似な図形についてまとめていくよ！

相似な図形

相似の表し方

右の図で，

$$\triangle ABC \backsim \triangle DEF$$

↑ 相似の記号

★POINT!

$\triangle ABC \backsim \triangle DEF$

対応する頂点は，式の形から確かめられるよ！

相似な図形の性質

- 対応する部分の長さの比はすべて等しい。

  上の図で，AB：DE＝BC：EF＝CA：FD

- 対応する角の大きさは，それぞれ等しい。

  上の図で，∠A＝∠D，∠B＝∠E，∠C＝∠F

相似比

相似な2つの図形で，対応する部分の長さの比。

上の図で，AB：DE＝4：6＝2：3

三角形の相似条件

1. 3組の辺の比がすべて等しい。
2. 2組の辺の比とその間の角がそれぞれ等しい。
3. 2組の角がそれぞれ等しい。

 相似な図形って，大きさはちがうけど，形は同じ，ってこと？

 そうだね。だから，対応する角の大きさは等しいんだよ。

 ふーん，そうなんだぁ。対応する辺の比が等しい，ってどういうこと？

 上の図で，AB：DE＝4：6＝2：3だね。すると，BC：EFも2：3になるんだよ。

 そっか!! じゃあ，上の図で，EF＝9cmだったら，BCは6cmだね!!

 その通り!! やるねぇ～♪ じゃあ，∠Aが70°だったら，∠Dは何度？

 対応する角の大きさは等しいから，∠D＝70°!! 相似バッチリ!!

 部屋の掃除もバッチリにしてね…

 …!!

p.69の check! の答え ❶(1) 12≦y≦48 (2) −18≦y≦0 ❷(1) 7 (2) 25 ⇨ 詳しい解説はp.222を見てね。

三角形の相似の問題

例 右の図で，相似な三角形を記号∽を使って
表すと？

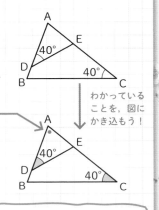

➡ △ABCと△AEDにおいて，

∠CAB＝∠DAE　…①

∠ACB＝∠ADE＝40°　…②

相似条件❸

①，②から，2組の角がそれぞれ等しいので，

△ABC∽△AED

わかっている
ことを，図に
かき込もう！

どれとどれが相似かなんて，わかんないよー。

相似条件にあてはまる三角形の組を見つければいいんだよ。

まずは…，角の大きさが同じところとか，辺の比が等しいところを探すんだね。

そうそう。図にかき込みながら進めていくと，わかりやすいよ。

ちなみに，一番よく使う相似条件は，「❸2組の角がそれぞれ等しい。」だから，まずは，等しい角を2つ探してみよう。

よく見ると，三角形の相似条件って，三角形の合同条件に似てる!!

そうだね。「辺の長さ」が「辺の比」になったようなものだね。

あ…，相似条件があるってことは…，証明もあるの？？

あるよー!!　基本的な流れは合同の証明のときと同じだよ。

根拠となることがら

| 仮定 | 条件や定理 相似条件など | 結論 |

---

check!

次の問いに答えよう ♥ ♥ ♥

❤答えはp.72だよ。

❶ 次の図で，相似な三角形の組を記号∽を使って表すと？

A
10cm
95°
B　12cm　C

F
D　95°　10cm
7cm　E

I
8cm　75°
G　12cm　H

12cm　L
J　60°
50°
K

M　6cm
75°　O
N　9cm

❷ ❶のとき，使った相似条件は？

71

11 相似な図形②

次は，平行線によって切り取られる線分の比や，相似な図形の面積比・体積比だよ。
どれも，決まりさえ覚えてしまえば難しくないよ。

平行線と線分の比

三角形と比の定理

△ABCの辺AB，AC上にある点を，それぞれP，Qとするとき，

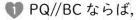

1️⃣ PQ//BC ならば，

・AP：AB＝AQ：AC＝PQ：BC

・AP：PB＝AQ：QC

2️⃣ AP：AB＝AQ：AC，または

AP：PB＝AQ：QC ならば，PQ//BC

平行線と線分の比の定理

平行な3つの直線ℓ，m，nと，それに交わる2つの直線があるとき，

AB：BC＝A′B′：B′C′

三角形と比の定理？
ん？？　PQ//BCなら，相似になる？？

同位角が等しいから，△APQ∽△ABCだね。

相似だから，対応する辺の比は等しいんだ！

次は，平行線と線分の比だね。三角形じゃないけど，比は等しいの？

等しいよ♪　テストでもよく出てくるパターンだから，三角形と比の定理とあわせて覚えておこう!!

中点連結定理

★POINT!
a：b＝c：dならばad＝bc

△ABCの辺AB，ACの中点を，それぞれM，Nとするとき，

$$\left[MN // BC, \quad MN = \frac{1}{2}BC \right]$$

例 右の図の台形ABCDで，点Eは辺ABの中点，AD//EG//BCです。
線分EF，FGの長さは？

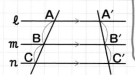

➡ △ABCで，中点連結定理より，$EF = \frac{1}{2} \times 12 = 6$(cm)

➡ △ACDで，中点連結定理より，$FG = \frac{1}{2} \times 9 = \frac{9}{2}$(cm)

なんで線分の長さが半分になるの？

点MとNは，辺AB，ACの中点だよね？
と，いうことは…？

あ!!　AM＝MBだから…，ABはAMの2倍の長さだ!!

そうそう!!　△AMNと△ABCは，相似比が1：2の相似な図形になるよね。

だから半分の長さになるんだね!!　なっとくー!!

p.71 の check! の答え ❶△IGH∽△MON
❷2組の辺の比とその間の角がそれぞれ等しい。　➪詳しい解説はp.223を見てね。

相似な図形の面積比・体積比

$$\left[\begin{array}{ccc} \text{相似比} & \longleftrightarrow & \text{面積比} & \longleftrightarrow & \text{体積比} \\ m:n & & m^2:n^2 & & m^3:n^3 \end{array}\right]$$

例 右の直方体A，Bで，

　　相似比 ➡ 直方体A：直方体B＝4：6＝2：3

　　表面積の比 ➡ 直方体A：直方体B＝$2^2:3^2$

　　　　　　　　　　　　　　　　　　＝4：9

　　体積比 ➡ 直方体A：直方体B＝$2^3:3^3$＝8：27

4cm　8cm　4cm　直方体A

6cm　12cm　6cm　直方体B

面積比は，相似比の2乗になるの？

バッチリ!! じゃあ，体積も同じように考えると…？

そうなんだ。直方体Aの表面積は，
$8\times(4\times4)+4\times4\times2=160$（cm²）
だよね。

直方体Aの体積は，$4\times4\times8=128$（cm³）
直方体Bの体積は，$6\times6\times12=432$（cm³）
だから，体積比は，
A：B＝128：432＝8：27＝$2^3:3^3$
だね☆

直方体Bの表面積は，
$12\times(6\times4)+6\times6\times2=360$（cm²）
だから，表面積の比は，A：B＝
160：360＝4：9＝$2^2:3^2$だ!!

そうそう!! 面積比は相似比の2乗，
体積比は相似比の3乗になってるね。

---

check!

次の問いに答えよう ♥ ♥ ♥

1 次の図で，xの値を求めよう。

(1)
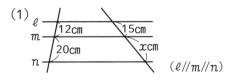
ℓ　m　12cm　15cm　20cm　$x$cm　n

$（\ell \,/\!/\, m \,/\!/\, n）$

(2)
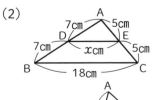
A　7cm　5cm　D　E　7cm　$x$cm　5cm　B　18cm　C

2 右の△ABCと△ADEで，DE//BCのとき，
相似比と面積比は？

A　10cm　D　E　4cm　B　C

12 円周角の定理

次は円周上に頂点のある角について確認するよ!!
下の図で，∠APBを$\overset{\frown}{AB}$に対する円周角というから，おさえておいてね。

円周角の定理

円周角の定理 $\angle APB = \dfrac{1}{2} \angle AOB$

$\angle APB = \angle AQB$

POINT!

半円の弧に対する円周角は90°
180°

円周角と弧 $\angle APB = \angle CQD$

$\Updownarrow$

$\overset{\frown}{AB} = \overset{\frown}{CD}$

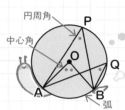
円周角
中心角
弧

・1つの弧に対する円周角の大きさは，同じ弧に対する中心角の大きさの半分。
・同じ弧に対する円周角の大きさは等しい。

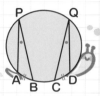

・1つの円で，等しい弧に対する円周角の大きさは等しい。
・1つの円で，等しい円周角に対する弧の長さは等しい。

宿題でこんなの出たー!!
上の図とちがうからわかんなーい。

問題 右の図で，∠x と∠y の大きさは？

50°
y
x
40°

同じ弧に対する円周角の大きさは等しいから…。

50°
y
x
40°

おお!! 等しい角の関係が見えた!!
∠xは50°，∠yは40°だね☆

円周角の定理の逆

2点P，Qが，直線ABについて同じ側にあるとき，
$\angle APB = \angle AQB$
ならば，
4点A，B，P，Qは1つの円周上にある。

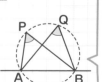
P　Q
A　B

これってどう解くの?
例 右の図で，∠x の大きさは？

70° A 50° D
30° 70°
B x C

∠BAC＝∠BDC＝70°
だから，4点A，B，C，Dは同じ円周上にある!
∠xは，円周角の定理から，
∠x＝∠BDA＝50°だね。

70° A 50°
30° 70°
B x C

p.73の check! の答え ❶(1) x＝25 (2) x＝9 ❷相似比…7：5，面積比…49：25
詳しい解説はp.223を見てね。

円周角の定理と相似の証明

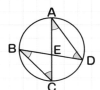

左の図のように，4点A，B，C，Dが
同じ円周上にあるとき，

∠ADB = ∠ACB，

∠CAD = ∠CBD から，

△AED ∽ △BEC が証明できる。

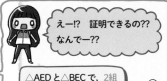

えー!? 証明できるの?? なんでー??

△AEDと△BECで，2組の角がそれぞれ等しいから，△AED∽△BECといえるね。

円の接線

円の接線は，接点を通る半径に垂直である。

円の外部の1点から，その
円にひいた2つの接線の長
さは等しい。（PA = PB）

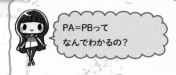

PA＝PBってなんでわかるの?

直角三角形で，斜辺と他の1辺がそれぞれ等しいから，△APO≡△BPOといえるからだね。

---

check!

次の問いに答えよう ♥ ♥ ♥

♥答えは p.76 だよ。

1 次の図で，∠x の大きさは？

(1)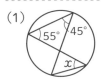

(2)

(3)

(4)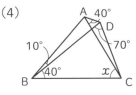

2 次の ☐ にあてはまる記号やことばは？

右の図で，円周上に4点A，B，C，Dをとってそれら
を結び，線分ACとBDの交点をEとするとき，△ABE
と△DCEが相似であることを証明します。

〈証明〉△ABEと△DCEにおいて，

　　　　$\overset{\frown}{BC}$の円周角だから，　 ☐ ア ☐ ＝ ∠CDE

　　　　$\overset{\frown}{AD}$の円周角だから，　 ☐ イ ☐ ＝ ∠DCE

　　　　よって，　 ☐ ウ ☐ 　がそれぞれ等しいので，△ABE ∽ △DCE

13

三平方の定理

さて，図形の最後は三平方の定理だよ!!
定理って今までたくさん習ってきたけど，整理して覚えておこう!!

三平方の定理

三平方の定理

直角三角形の直角をつくる2辺の長さを
a，b，斜辺の長さを c とするとき，

$$a^2 + b^2 = c^2$$

例　右の直角三角形ABCで，
辺ACの長さは？

➡ $AB^2 + BC^2 = AC^2$ だから，
$AC^2 = 3^2 + 4^2 = 25$
$AC > 0$ より，$AC = \sqrt{25} = 5$(cm) ← ACは「長さ」だから，負の数ではないよ。

三平方の定理の逆

△ABC の3辺の長さを a，b，c とするとき，
$a^2 + b^2 = c^2$ ならば，△ABC は長さ c の辺を
斜辺とする直角三角形である。

平面図形への利用①

特別な直角三角形の3辺の比

$1 : 1 : \sqrt{2}$

$1 : 2 : \sqrt{3}$

長方形の対角線

$AC = \sqrt{AB^2 + BC^2}$

三角形の高さ

$AH = \sqrt{AB^2 - BH^2}$

2乗+2乗=2乗？
これって，どんな三角形
でもいえるの？

ダメダメ!!
直角三角形でしかいえな
いよ。

そっかぁ。
あ，直角三角形の斜辺
って，3つの辺の中でい
ちばん長い辺なんだね。

次の「三平方の定理の逆」
って何に使うの？

3辺の長さがわかってい
る三角形が，直角三角
形かどうかがわかるん
だ。ベンリだよ!!

この正三角
形の面積，
わかる？

これだけでわかるの!？

高さは，
$4 : h$
$= 2 : \sqrt{3}$
だから，$h = 2\sqrt{3}$ cm
面積は，$\frac{1}{2} \times 4 \times 2\sqrt{3}$
$= 4\sqrt{3}$(cm²)　だよ。

p.75 の check! の答え　❶(1) 45°　(2) 65°　(3) 70°　(4) 60°
❷ ア ∠BAE　イ ∠ABE　ウ 2組の角 ▷▷ 詳しい解説はp.223を見てね。

平面図形への利用②

座標平面上の2点間の距離

2点 $P(x_1, y_1)$, $Q(x_2, y_2)$ 間の距離 d は，

$$d = \sqrt{(x_2 - x_1)^2 + (y_2 - y_1)^2}$$

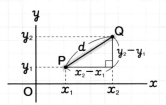

座標平面上の2つの点の間の距離も，わかるんだね!!

そうだよ。テストでは，関数の問題と組み合わせて出題されることが多いから，覚えておこうね!!

空間図形への利用

直方体の対角線の長さ

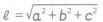

$$\ell = \sqrt{a^2 + b^2 + c^2}$$

空間図形の中にある直角三角形を見つけるんだね。

対角線の長さとか，角錐や円錐の高さとかがわかっちゃうよ!!

正四角錐の高さ

$$OH = \sqrt{OA^2 - AH^2}$$

円錐の高さ

$$h = \sqrt{\ell^2 - r^2}$$

高さがわかれば，体積が求められるね！

---

check! 次の問いに答えよう ♥ ♥ ♥

答えは p.78 だよ。

1 次の図で，x の値は？

(1)
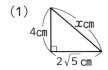
4cm / $x$cm / $2\sqrt{5}$ cm

(2)
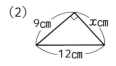
9cm / $x$cm / 12cm

(3)
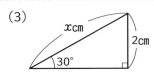
$x$cm / 2cm / 30°

2 2点 $(-2, 5)$，$(3, 1)$ 間の距離は？

3 底面の半径が 3cm，母線の長さが 5cm の円錐の体積は？

14 標本調査

いよいよラストの単元!! ある集団のもっている性質や傾向を，効率よく調べる方法を学んでいくよ。

全数調査と標本調査

全数調査

ある集団について調査するとき，その集団のすべてのものについて調べること。

例 クラス全員の50m走の記録
ある高校の入学試験
国勢調査（人口，生活状況など）

標本調査

ある集団について調査するとき，集団（母集団）の中から一部（標本）を取り出して調べ，その結果から全体の性質を推定すること。

例 県内で収穫したお米の品質調査
全国の中学生の好きな食べ物調査
国民のある意見に賛成かどうかの調査

> 全数調査が不可能な場合に使われる。

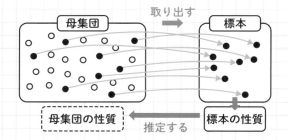

母集団 —取り出す→ 標本
母集団の性質 ←推定する— 標本の性質

- 母集団…調査の対象となる集団全体。
- 標本…母集団から調査のために取り出した一部分。
- 標本平均…標本の平均値。母集団の平均値とほぼ等しい。
- 無作為に抽出する…母集団から，かたよりなく標本を選ぶこと。

対象すべてを調べることが，全数調査なんだね。

うん。全数調査は，全部を調べるから，信頼できるんだよ。

じゃあ，何でも全数調査すればいいんじゃない？

それができればいいんだけど…
例えば，缶ジュースの品質検査を全数調査でやると，どうなると思う？

すべての缶ジュースの品質について検査できるから，より安全だと思うよ！

それはそうなんだけど，すべての缶を開けてしまうと，売れるものがなくなっちゃうね…。

あ！ ほんとだ！
全部を調べるのが難しいから，標本調査をするんだね。

そうなんだ。一部を調べて，全体の様子も同じだろうと推定するんだよ。標本の数が大きくなるほど，母集団の性質により近づくよ。

p.77の check! の答え ❶(1) $x=6$ (2) $x=3\sqrt{7}$ (3) $x=4$ ❷$\sqrt{41}$ ❸$12\pi\,cm^2$

詳しい解説はp.223を見てね。

例 赤のビーズがケースにたくさん入っています。赤のビーズの数を調べるために，青のビーズ40個をこのケースに入れてよく混ぜてから，無作為に50個を選んだところ，青のビーズは2個ありました。ケースの中の赤のビーズは，およそ何個だと考えられる？

➡ ケースに入っている赤のビーズの数をx個として，比例式に表すと，

赤のビーズの数　　青のビーズの数
↓　　　　　　↓

$$x : 40 = 48 : 2$$

↑　　　　　　↑
取り出した赤のビーズの数　　取り出した青のビーズの数

取り出した50個のうち，
赤のビーズは　50－2＝48(個)
入っている。

これを解くと，$x \times 2 = 40 \times 48$，$x = 960$
よって，赤のビーズの数はおよそ960個と考えられる。

なるほど！　全部の赤のビーズの数を数えるのは大変だから，青のビーズを混ぜて推定するんだ!!

「ある集団が標本の中にしめる数の割合は，母集団の中にしめる数の割合とほとんど同じ」と考えられるからね。
無作為に選んだ50個のうち青のビーズは2個だから，ケースの中の青のビーズの割合も$\frac{2}{50}$になっているはずだよ。

check! 　次の問いに答えよう ♥ ♥ ♥

答えは p.80 だよ。

1 次の調査方法としてふさわしいのは，全数調査または標本調査のどちら？

(1) コンサート会場入口で行う手荷物検査
(2) テレビの視聴率調査
(3) ある県で収穫したぶどうの糖度調査

2 ある中学校で，全校生徒540人の中から，無作為に30人を抽出して調べると，数学が好きな人が4人いた。このとき，全校生徒のうち，数学が好きな人はおよそ何人いると考えられる？

Check Test チェックテスト 数学

♥ 答えと解説は p.223 を見てね。

第1章 多項式の計算　♥復習 p.56-59 ♥

★ 次の❶〜❿の式を展開しなさい。

□ ❶ $5a(2a-3b)$ 　　[　　　　　]　　□ ❷ $(8ab+10b^2)÷(-2b)$ [　　　　　]

□ ❸ $(x+3)(y+7)$ [　　　　　]　　□ ❹ $(x-6y)(2x+1)$ [　　　　　]

□ ❺ $(x-9)(x-2)$ [　　　　　]　　□ ❻ $(x+5)(x-7)$ [　　　　　]

□ ❼ $(x+5)^2$ [　　　　　]　　□ ❽ $(x-8)^2$ [　　　　　]

□ ❾ $(x+6)(x-6)$ [　　　　　]　　□ ❿ $(3x+2y)^2$ [　　　　　]

★ 次の⑪〜⑯の多項式を因数分解しなさい。

□ ⑪ $2x^2+10x$ [　　　　　]　　□ ⑫ x^2-5x-6 [　　　　　]

□ ⑬ $x^2+4x-21$ [　　　　　]　　□ ⑭ $x^2+12x+36$ [　　　　　]

□ ⑮ x^2-81 [　　　　　]　　□ ⑯ $3x^2-24x+45$ [　　　　　]

第2章 平方根　♥復習 p.60-61 ♥

★ 次の❶〜❸の問いに答えなさい。

□ ❶ 30の平方根を求めなさい。 [　　　　　]

□ ❷ $\sqrt{121}$ を，根号を使わないで表しなさい。 [　　　　　]

□ ❸ $\sqrt{14}$，4，$2\sqrt{3}$ の大小を，不等号を使って表しなさい。 [　　　　　]

★ 次の❹〜⑬の計算をしなさい。

□ ❹ $\sqrt{5}×\sqrt{7}$ [　　　　　]　　□ ❺ $\sqrt{2}×\sqrt{8}$ [　　　　　]

□ ❻ $\sqrt{18}÷\sqrt{3}$ [　　　　　]　　□ ❼ $\sqrt{36}÷\sqrt{2}$ [　　　　　]

□ ❽ $2\sqrt{6}+3\sqrt{6}$ [　　　　　]　　□ ❾ $\sqrt{32}+\sqrt{50}$ [　　　　　]

□ ❿ $\sqrt{48}-\sqrt{75}$ [　　　　　]　　□ ⑪ $3\sqrt{5}-\sqrt{20}+\sqrt{5}$ [　　　　　]

□ ⑫ $\sqrt{6}(\sqrt{3}-3)$ [　　　　　]　　□ ⑬ $(\sqrt{7}+1)^2$ [　　　　　]

★ 次の⑭，⑮の分母を有理化しなさい。

□ ⑭ $\dfrac{2}{\sqrt{5}}$ [　　　　　]　　□ ⑮ $\dfrac{6\sqrt{7}}{\sqrt{2}}$ [　　　　　]

★ 次の⑯の問いに答えなさい。

□ ⑯ ある長さの近似値9230cmの有効数字が9，2，3のとき，この近似値を，（整数部分が1けたの数）×（10の累乗）の形に表しなさい。 [　　　　　]

第3章　2次方程式　 復習 p.62-65 ♡

★　次の❶〜❿の2次方程式を解きなさい。

□ ❶ $4x^2 - 20 = 0$　[　　　　　]　　□ ❷ $(x-3)^2 = 36$　[　　　　　]

□ ❸ $x^2 - 3x - 5 = 0$　[　　　　　]　　□ ❹ $2x^2 + 6x = 0$　[　　　　　]

□ ❺ $x^2 + 12x + 27 = 0$　[　　　　　]　　□ ❻ $x^2 - 6x - 16 = 0$　[　　　　　]

□ ❼ $x^2 + 14x + 49 = 0$　[　　　　　]　　□ ❽ $x^2 - 100 = 0$　[　　　　　]

□ ❾ $x^2 + 11x + 14 = 2x$　[　　　　　]　　□ ❿ $(x-8)^2 = 3x + 4$　[　　　　　]

★　連続する2つの自然数があります。それぞれの平方の和が41になるとき，次の⓫，
⓬の問いに答えなさい。

□ ⓫ 小さいほうの数をxとして，連続する2つの自然数を x を使って表しなさい。

[　　　　　　　　　　　　　　　　　]

□ ⓬ 小さいほうの数をxとして方程式をつくって解き，2つの連続する自然数を求めなさい。

[方程式…　　　　　　　　　　，　2つの自然数…　　　　　　　]

第4章　関数 $y = ax^2$　 復習 p.66-69 ♡

★　y が x の2乗に比例するとき，次の❶，❷の問いに答えなさい。

□ ❶ $x = -3$ のとき，$y = 36$ です。y を x の式で表しなさい。　[　　　　　]

□ ❷ $x = 2$ のとき，$y = -20$ です。$x = 5$ のときの y の値を求めなさい。[　　　　　]

★　関数 $y = ax^2$ のグラフについて，次の❸，❹の [　　] にあてはまることばを答えなさい。

□ ❸ グラフは，[　　　　　] とよばれる曲線で，[　　　　　] について対称である。

□ ❹ $a > 0$ のときは [　　　　　] に開いた形で，$a < 0$ のときは，[　　　　　] に開
いた形になり，a の絶対値が [　　　　　] ほど，グラフの開き方は小さい。

★　次の❺〜❼の問いに答えなさい。

□ ❺ 関数 $y = 5x^2$ で，x の変域が $-1 \leqq x \leqq 3$ のときの y の変域を求めなさい。

[　　　　　　　　　]

□ ❻ 関数 $y = -3x^2$ で，x の変域が $-3 \leqq x \leqq 2$ のときの y の変域を求めなさい。

[　　　　　　　　　]

□ ❼ 関数 $y = -\dfrac{3}{4}x^2$ で，x が4から8まで増加するときの変化の割合を求めなさい。

[　　　　　　　　　]

第5章 相似な図形 復習 p.70-73

★ 右の図で，△ABC∽△DEFです。このとき，次の❶，❷の問いに答えなさい。

□ ❶ △ABC と △DEF の相似比を求めなさい。

[   ]

□ ❷ 辺DEの長さを求めなさい。

[   ]

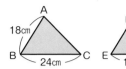

★ 次の❸〜❺の図で，x，yの値を求めなさい。

□ ❸
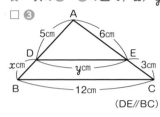
（DE∥BC）

□ ❹
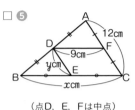
（AB∥DE）

□ ❺
（点D，E，Fは中点）

[$x =$]   [$x =$]   [$x =$]

[$y =$]   [$y =$]   [$y =$]

★ 相似な2つの円錐 X，Yがあり，底面の半径はそれぞれ8cm，10cm です。これについて，次の❻，❼の問いに答えなさい。

□ ❻ X，Y の高さの比を求めなさい。　　　　　　　　　　　　[   ]

□ ❼ X の体積が192π cm³ のとき，Y の体積を求めなさい。　　[   ]

第6章 円 復習 p.74-75

★ 次の❶〜❻の図で，∠x の大きさを求めなさい。

□ ❶

[   ]

□ ❷

[   ]

□ ❸

[   ]

□ ❹
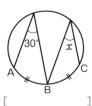

[   ]

□ ❺
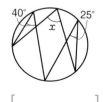

[   ]

□ ❻
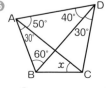

[   ]

第7章　三平方の定理　復習 p.76-77

★　次の❶〜❻の図で，x の値を求めなさい。

□ ❶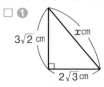

[　　　　　　]

□ ❷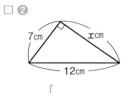

[　　　　　　]

□ ❸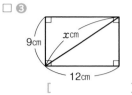

[　　　　　　]

□ ❹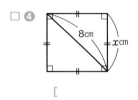

[　　　　　　]

□ ❺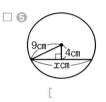

[　　　　　　]

□ ❻ 立方体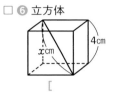

[　　　　　　]

★　次の❼〜❾を求めなさい。

□ ❼ 1辺が 6 cm の正三角形の面積

[　　　　　　]

□ ❽ 下の図の2点A，B間の距離

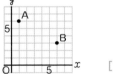

[　　　　　　]

□ ❾ 下の図の正四角錐の高さ

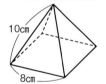

[　　　　　　]

第8章　標本調査　復習 p.78-79

★　次の❶，❷の調査では，全数調査と標本調査のどちらが適切ですか。

□ ❶ 全国の中学生の通学時間の平均値の調査

[　　　　　　]

□ ❷ ある県で発生した交通事故の原因調査

[　　　　　　]

★　次の❸，❹の問いに答えなさい。

□ ❸ 袋の中に，白玉と赤玉が合わせて300個入っています。これをよくかき混ぜて，50個取り出したところ，その中に赤玉が36個入っていました。この袋の中には，赤玉がおよそ何個入っていると考えられますか。

[　　　　　　]

□ ❹ ある池からコイを60匹捕まえて印をつけ，もとの池に戻しました。後日，コイを60匹捕まえたところ，印のついたコイが4匹含まれていました。この池には，およそ何匹のコイがいると考えられますか。

[　　　　　　]

Girl's Life

Column

中3で習った数学が,
こんな場面で使えるよ。
これでステキな数学女子に
なれちゃうかも?!

リボンの長さは どのくらい?

♡♡♡

体育祭の応援グッズを作ることに
なったよ。右の図がデザイン画で,
筒と房だけではおもしろくないの
で,リボンやシールで持ち手部分
をデコることにしたよ。これをク
ラスのみんなが両手に1本ずつ持
って応援するんだ。
さて,持ち手に巻くリボンは1
本あたりどのくらいの長さが必要
で,クラス36人分
では,どれだけ
用意すればいい
かな。

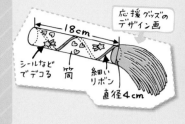

応援グッズの
デザイン画

18cm

シールなどで
デコる   筒   細い
リボン

直径4cm

筒を切り開いて

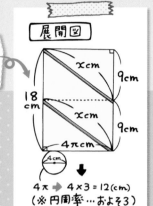

展開図

$x$cm   9cm

18cm

$x$cm   9cm

4πcm

(4cm)

↓

4π ➡ $4 \times 3 = 12$(cm)
(※円周率…およそ3)

$x = \sqrt{9^2 + 12^2} = \sqrt{225}$
$= 15$(cm)

★1本分の長さは
　15×2＝30(cm)　　30cm

★クラス全員分の長さは
　30×2×36＝2160(cm)
　　　　　　およそ21.6m

ケーキは レシピの量が大事

「今度こそ,バレンタインには,
"気になるセンパイ"にチョコ
ケーキを焼いて告白しよう!」
と決めたのはいいけど,レシピ
はどうしよう。
家にあるケーキの型は直径
18cmの丸型だけ。でも,作り
たいケーキのレシピは直径
12cm の丸型用…。
こうなったら,材料の分量を直
径18cmの型用にあわせるし
かないね。
まずはメインとなるチョコレー
トの量を計算してみよう。

♡

♡

巻いてあるリボンの長さなんてわ
からない!? いいえ,だいじょう
ぶ! 筒の部分を展開図にして考
えて!! 2巻きするから,右の展開
図のように,直角三角形ができる
ね。この直角三角形の斜辺の長さ
の合計が,1本あたりのリボンの
長さになるよ。あとは,三平方の
定理を使って,右のように求めれ
ばO.K.
展開図にしたら,計算でリボンの
およその長さが求められたね。三
平方の定理って,こういう場合に
も使えるんだね。

 レシピ

★チョコレート…80g

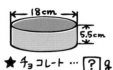
★チョコレート…[?]g

直径18cmの丸型に必要なチョコレートの量は?

体積比かな?
相似比は12：18＝2：3 で,
体積比は2^3：3^3＝8：27 だから
8：27＝80：x より,x＝270(g)

この分量では
焼いてるとちゅうで
生地があふれました!

➡型はどちらも円柱だけど高さが
同じだから相似ではない!

底面積の比かな?
$\pi \times 6^2$：$\pi \times 9^2$＝36：81＝4：9 だから
4：9＝80：x より,x＝180(g)

上手に焼けた♡

➡型の高さが同じだから,
底面積の比,つまり底面
の円の半径の2乗の比で考えればいいね!

レシピの
分量の比
r^2 ： R^2

CECIL McBEE

Study Collection

Science

理科の勉強が始まるよ。

1 植物・物質・現象のまとめ

1，2年生で習ったことを思い出そう。
光合成のしくみや，物質の密度，重力の大きさなどは，3年生で習うことの基礎になるよ。

植物の生活と種類

顕微鏡

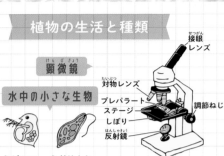

接眼レンズ
対物レンズ
プレパラート
ステージ
しぼり
反射鏡
調節ねじ

水中の小さな生物

ミジンコ　ミドリムシ

ステージ上下式顕微鏡

$$倍率 = 接眼レンズの倍率 × 対物レンズの倍率$$

光合成

光合成は葉緑体で行われている。

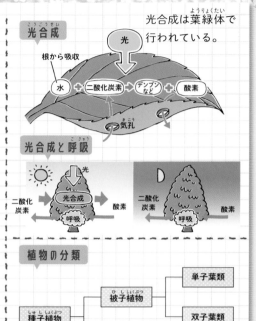

光
根から吸収
水 ＋ 二酸化炭素 → デンプンなど ＋ 酸素
気孔

光合成と呼吸

光
二酸化炭素　光合成　酸素
呼吸

二酸化炭素　酸素
呼吸

茎のつくり

茎の断面

双子葉類

維管束
師管
道管

単子葉類

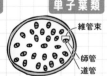

維管束
師管
道管

植物の分類

種子植物 ─┬─ 被子植物 ─┬─ 単子葉類
　　　　　│　　　　　　└─ 双子葉類
　　　　　└─ 裸子植物

身のまわりの現象

光の性質

反射の法則

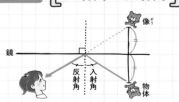

$$入射角 = 反射角$$

像
鏡
反射角　入射角
物体

音の性質

音の大きさ

振幅が大きいほど，音は大きい。

音の高さ

振動数が多いほど，音は高い。

$$音の速さ〔m/s〕= \frac{音源までの距離〔m〕}{伝わる時間〔s〕}$$

身のまわりの物質

密度

$$密度〔g/cm^3〕= \frac{質量〔g〕}{体積〔cm^3〕}$$

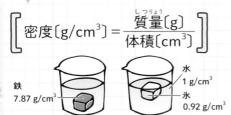

鉄
7.87 g/cm³

水
1 g/cm³

氷
0.92 g/cm³

密度は物質ごとに決まっているので,
物質を見分ける手がかりになる。

状態変化

固体…粒子が
規則正しく並
んでいる。

液体…粒子が
比較的自由に
動ける状態。

気体…粒子が
自由に飛び回
っている状態。

水溶液の性質

$$質量パーセント濃度〔％〕= \frac{溶質の質量〔g〕}{溶液の質量〔g〕}×100$$

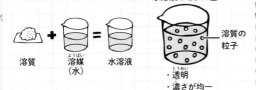

溶質

溶媒
(水)

水溶液

水溶液のモデル図

溶質の
粒子

・透明
・濃さが均一

気体の集め方

水上置換法

気体

下方置換法

気体　空気

上方置換法

気体　空気

気体

水にとけにくい　　水にとけやすい

空気より密度が
小さい(軽い)

空気より密度が
大きい(重い)

水上置換法　上方置換法　下方置換法

力のはたらき

力の大きさとばねののび

約100gの物体にはたらく重力の大きさを
1ニュートン(記号N)として表す。

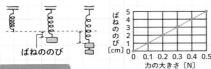

ばねののび

フックの法則

ばねののびは,加えた力の大きさに比例する。

力の表し方

力の作用点,
大きさ,向きは
矢印で表すことが
できる。

作用点

力の大きさ

力の
向き

力のつり合い

2つの力がつり
合う条件
①大きさが等しい
②向きが反対
③一直線上にある

2 大地・天気・化学変化のまとめ

くらしとも深いかかわりがある地震や，天気の変化。
地面がゆれる理由や雨が降る理由がわかるとニュースや天気予報が楽しくなるよ。

大地の変化

火山

- 火山ガス
- 火山灰（かざんばい）
- 火山弾（かざんだん）
- 溶岩（ようがん）
- マグマ

マグマからできた岩石

火成岩（かせいがん） マグマが冷え固まってできた岩石。

火成岩
- 火山岩（かざんがん）…地表近くで急速に冷え固まった岩石。斑状組織（はんじょうそしき）。
- 深成岩（しんせいがん）…地下の深いところでゆっくり冷え固まった岩石。等粒状組織（とうりゅうじょうそしき）。

地震（じしん）

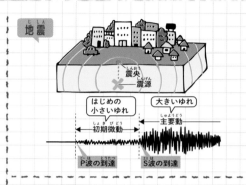

- 震央（しんおう）
- 震源（しんげん）
- はじめの小さいゆれ
- 大きいゆれ
- 初期微動（しょきびどう）
- 主要動（しゅようどう）
- P波の到達（とうたつ）
- S波の到達（とうたつ）

大地の変動（だいちのへんどう）

断層（だんそう） 大地の変動によって大きな力が加わり，地層（ちそう）がずれたもの。

正断層　　　　　逆断層

力 ← → 力　　力 → ← 力

しゅう曲（きょく） 大地の変動によって大きな力が加わり，地層が曲がったもの。

力 ← → 力

化学変化と原子・分子（かがくへんか げんし ぶんし）

元素記号（げんそきごう）

（　　は非金属（ひきんぞく）　　は金属）

水素	H	ナトリウム	Na
炭素	C	マグネシウム	Mg
窒素（ちっそ）	N	鉄	Fe
酸素	O	銅	Cu
硫黄（いおう）	S	銀	Ag
塩素	Cl	亜鉛（あえん）	Zn

水の電気分解（みずのでんきぶんかい）

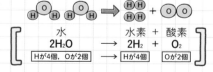

水	→	水素	+	酸素
$2H_2O$	→	$2H_2$	+	O_2

Hが4個，Oが2個 → Hが4個 ／ Oが2個

鉄と硫黄の結びつき（てつといおうのむすびつき）

鉄	+	硫黄	→	硫化鉄（りゅうかてつ）
Fe	+	S	→	FeS

天気の変化

高気圧・低気圧

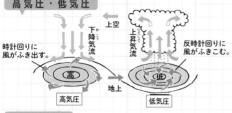

時計回りに風がふき出す。

上空

下降気流

上昇気流

反時計回りに風がふきこむ。

高気圧

地上

低気圧

前線の記号

温暖前線	寒冷前線	停滞前線	閉塞前線

前線と天気の変化

寒冷前線

通過後, 気温が下がる。

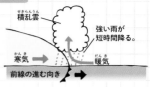

積乱雲

強い雨が短時間降る。

寒気 暖気

前線の進む向き

温暖前線

通過後, 気温が上がる。

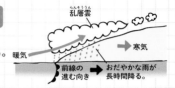

乱層雲

暖気 寒気

前線の進む向き

おだやかな雨が長時間降る。

湿度

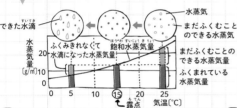

できた水滴

水蒸気

まだふくむことのできる水蒸気

ふくみきれなくて水滴になった水蒸気量

飽和水蒸気量

まだふくむことのできる水蒸気量

ふくまれている水蒸気量

水蒸気量〔g/㎥〕

露点 気温〔℃〕

$$湿度〔\%〕 = \frac{空気1m^3中の水蒸気量〔g/m^3〕}{その気温での飽和水蒸気量〔g/m^3〕} × 100$$

圧力 一定の面積あたりを垂直に押す力。

$$圧力〔Pa〕 = \frac{力の大きさ〔N〕}{力がはたらく面積〔m^2〕}$$

$$1\ Pa = 1\ N/m^2$$

加える力の大きさが同じとき,

面積 小→圧力 大

面積 大→圧力 小

銅の酸化

$$銅 + 酸素 \longrightarrow 酸化銅$$
$$2Cu + O_2 \longrightarrow 2CuO$$

酸化銅の還元

$$酸化銅 + 炭素 \longrightarrow 銅 + 二酸化炭素$$

還元

$$2CuO + C \longrightarrow 2Cu + CO_2$$

酸化

質量保存の法則

密閉しているとき

ふたを開けると質量は減る。

うすい塩酸

炭酸水素ナトリウム

発生したCO₂は容器の中。

混ぜ合わせる。

70.00g → 70.00g

質量は変わらない。

89

3 からだ・電気のまとめ

1，2年生で習った自分のからだのことや電気のこと。
少し難しく感じる人もいるだろうけど，基本をしっかりおさえよう。

動物の生活

細胞のつくり

植物の細胞　　**動物の細胞**

共通なつくり
液胞
葉緑体
細胞壁
核
細胞膜

血液の循環

肺循環　心臓→肺→心臓

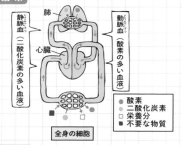

肺
静脈血（二酸化炭素の多い血液）
動脈血（酸素の多い血液）
心臓

● 酸素
● 二酸化炭素
□ 栄養分
■ 不要な物質

全身の細胞

体循環　心臓→全身→心臓

脊椎動物

	魚類	両生類	は虫類	鳥類	哺乳類
生活場所	水中	（子）水中／（親）陸上	陸上	陸上	陸上
ふえ方	卵生	卵生	卵生	卵生	胎生
呼吸	えら	（子）えらと皮膚／（親）肺と皮膚	肺	肺	肺
体表	うろこ	しめった皮膚	うろこなど	羽毛	毛など
動物の例	コイ サケ	カエル イモリ	カメ トカゲ	ハト ニワトリ	ヒト イヌ クジラ

消化のしくみ

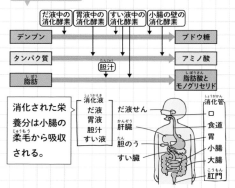

だ液中の消化酵素	胃液中の消化酵素	すい液中の消化酵素	小腸の壁の消化酵素

デンプン → ブドウ糖
タンパク質 → アミノ酸
胆汁
脂肪 → 脂肪酸とモノグリセリド

消化された栄養分は小腸の柔毛から吸収される。

消化液
だ液
胃液
胆汁
すい液

だ液せん
肝臓
胆のう
すい臓

消化管
口
食道
胃
小腸
大腸
肛門

刺激と反応

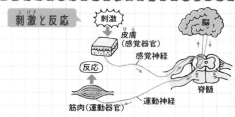

刺激
皮膚（感覚器官）
脳
感覚神経
反応
脊髄
筋肉（運動器官）
運動神経

刺激→感覚器官→感覚神経→脊髄→脳→脊髄→運動神経→運動器官→反応

無脊椎動物

節足動物

バッタ

エビ

からだが外骨格におおわれている。

軟体動物

アサリ

イカ

内臓が外とう膜におおわれている。

電気の世界

電気用図記号

電源	長い方 が＋極 ———┤├—	抵抗器（電熱線） —▭—	
電球	—⊗—	電流計 —Ⓐ—	
スイッチ	—／—	電圧計 —Ⓥ—	

直列回路の電流

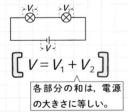

$$\left[\, I_1 = I_2 = I_3 \,\right]$$

どこでも同じ大きさ

並列回路の電流

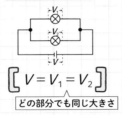

$$\left[\, I_1 = I_2 + I_3 = I_4 \,\right]$$

枝分かれする前と枝分かれしたあとの和が等しい。

直列回路の電圧

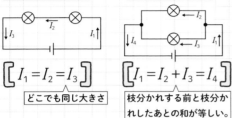

$$\left[\, V = V_1 + V_2 \,\right]$$

各部分の和は，電源の大きさに等しい。

並列回路の電圧

$$\left[\, V = V_1 = V_2 \,\right]$$

どの部分でも同じ大きさ

オームの法則

$$\left[\, V = R \times I \,\right]$$
電圧　抵抗　電流

直列回路の抵抗

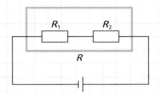

$$\left[\, R = R_1 + R_2 \,\right]$$

全体の抵抗は，それぞれの抵抗の和になる。

並列回路の抵抗

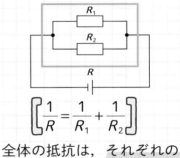

$$\left[\, \frac{1}{R} = \frac{1}{R_1} + \frac{1}{R_2} \,\right]$$

全体の抵抗は，それぞれの抵抗より小さくなる。

$$R < R_1, \quad R < R_2$$

誘導電流の大きさ

①磁石を速く動かすほど大きくなる。
②磁力の強い磁石ほど大きくなる。
③コイルの巻数を多くするほど大きくなる。

コイルがつくる磁界

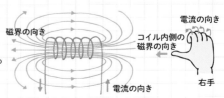

磁界の向き
電流の向き
コイル内側の磁界の向き
電流の向き
右手

4 水溶液とイオン

物質が水にとけた液を，水溶液というよ。
水溶液には，物質がイオンなどの状態になってとけているものもあるんだ。

電流を流す水溶液

電解質	非電解質
♥塩化ナトリウム	♥砂糖
♥塩化銅	♥エタノール
♥塩化水素	

水にとけると水溶液に電流が流れる物質を電解質，流れない物質を非電解質というんだよ。

電解質って聞いたことがあるよ！ スポーツ飲料にもふくまれているよね。

塩化銅水溶液の電気分解

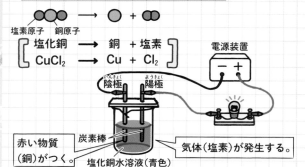

塩素原子　銅原子

$$\begin{bmatrix} 塩化銅 & \longrightarrow & 銅 & + & 塩素 \\ CuCl_2 & \longrightarrow & Cu & + & Cl_2 \end{bmatrix}$$

電源装置

陰極　陽極

赤い物質（銅）がつく。

炭素棒

塩化銅水溶液（青色）

気体（塩素）が発生する。

電流を流すと，青色がうすくなってきたよ。

塩化銅が，銅と塩素に分かれたんだね。塩化銅水溶液は青色をしているけれど，水溶液中に銅がなくなっていくと，青色がうすくなるんだ。

原子の構造

ヘリウム原子

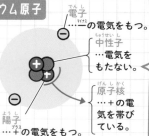

電子
…－の電気をもつ。

中性子
…電気をもたない。

原子核
…＋の電気を帯びている。

陽子
…＋の電気をもつ。

ヘリウム原子は，2個の電子と，2個の陽子，2個の中性子をもつよ。同じ元素の原子で，中性子の数が異なる原子どうしを同位体というよ。

原子の中心には原子核が，そのまわりには電子があるんだよ。

原子って意外とシンプルなんだね。面白い。

原子核は＋の電気，電子は－の電気を帯びているんだよ。

イオンの構造

 原子が電気を帯びたもの。

電子を失う → 陽イオン（よう）

電子を受けとる → 陰イオン（いん）

失っちゃってるんだ！

おもなイオン

	イオン名	化学式		イオン名	化学式
陽イオン	水素イオン	H^+	陰イオン	塩化物イオン	Cl^-
	ナトリウムイオン	Na^+		水酸化物イオン	OH^-
	銅イオン	Cu^{2+}		硫酸イオン（りゅうさん）	$SO_4{}^{2-}$

電離（でんり）

$$\begin{bmatrix} 塩化水素 \longrightarrow 水素イオン + 塩化物イオン \\ HCl \longrightarrow H^+ + Cl^- \end{bmatrix}$$

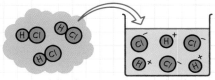

塩化水素（気体）　塩酸（液体）

電解質の水溶液に電流が流れるのは，電解質が水の中で陽イオンと陰イオンに分かれるからだよ。

塩化水素がとけた水溶液が塩酸ね。

check! 次の問いに答えよう ♥ ♥ ♥　♥答えはp.94だよ。

❶ 水にとけたとき，電流を流す性質をもつ物質を何という？

❷ 塩化銅水溶液を電気分解してできる物質は，銅と何？

❸ 原子核は，＋と－のどちらの電気を帯びている？

❹ 電解質が水にとけ，陽イオンと陰イオンに分かれることを何という？

5 イオンと電池のしくみ

イオンがある水溶液に金属を入れると，電気をとり出すことができるよ。
このしくみを利用したのが電池だよ。

イオンへのなりやすさ

金属は種類によってイオンへのなりやすさが異なる。

イオンに
なりやすい ←――――――――――→ イオンに
なりにくい

マグネシウム	亜鉛	銅
Mg	Zn	Cu

電池のしくみ

化学エネルギーを電気エネルギーに変える。

物質がもともともっているエネルギー

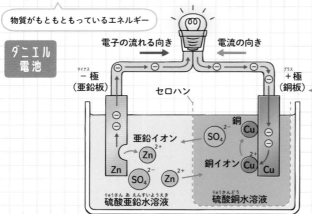

ダニエル電池

電子の流れる向き　　電流の向き

－極（亜鉛板）　　セロハン　　＋極（銅板）

亜鉛イオン　Zn²⁺　　銅 Cu　SO₄²⁻
Zn　SO₄²⁻　Zn²⁺　　銅イオン Cu²⁺　Cu

硫酸亜鉛水溶液　　硫酸銅水溶液

亜鉛板

亜鉛原子が電子を失って亜鉛イオンとなり，水溶液中にとけ出す。

$$Zn \rightarrow Zn^{2+} + 2e^-$$

銅板

水溶液中の銅イオンが電子を受けとり，銅原子になる。

$$Cu^{2+} + 2e^- \rightarrow Cu$$

亜鉛板から銅板へと電子が移動するので，銅板から亜鉛板の向きに電流が流れる。

94

イオンへのなりやすさの差を利用すると，電池がつくれるよ。

え、どういうこと？

これは，ダニエルさんがつくったダニエル電池だよ。

そのまんまのネーミングだね。

銅よりも亜鉛の方がイオンになりやすいから，亜鉛板の亜鉛原子は亜鉛イオンになって，水溶液中の銅イオンは銅原子になるんだよ。

どうしてこれで電流が流れるの？

銅板では，銅イオンが電子を受けとって銅原子になるね。こうして電子が移動するから，電流が流れるんだよ。

導線を通って電子が移動するから，電流が流れるんだね。

電子の流れる向きと電流の向きは逆向きだから，注意してね！

いろいろな電池

電池にはいろいろな種類がある。乾電池みたいに1回使ったら終わりの電池と…。

一次電池
充電できない。

-極には亜鉛が，+極には二酸化マンガンが使われているよ。

マンガン乾電池

二次電池（蓄電池）
充電できる。

鉛蓄電池

ニッケル水素電池

充電できる電池！　スマホに入っているよね☆

そうそう。携帯電話に入っているのは，リチウムイオン電池というものだね。

燃料電池

水素と酸素の化学変化から電気エネルギーをとり出す電池。

気体　　　　気体

水素　+　酸素　→　水　電気エネルギー

$$2H_2 + O_2 \rightarrow 2H_2O$$

水素と酸素を反応させ，電気をとり出すことのできる燃料電池が最近注目されているよ。

水素と酸素ってすごいんだね。

乾電池のように金属のゴミを出さずにすんで，水しかできないから，環境にやさしいといわれているんだよ。

---

check!　次の問いに答えよう ♥ ♥ ♥　　答えは p.96 だよ。

❶ 物質がもともともっているエネルギーを何という？

❷ 亜鉛と銅では，どちらの方がイオンになりやすい？

❸ 充電して何度も使える電池を何電池という？

❹ 燃料電池は，酸素と何を反応させて電気をとり出す？

6 酸・アルカリとイオン

くらしの中でも使われる「酸性，アルカリ性」という言葉は，
水溶液の中のイオンによる性質のちがいなんだよ。

酸・アルカリとイオン

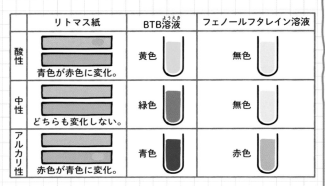

	リトマス紙	BTB溶液	フェノールフタレイン溶液
酸性	青色が赤色に変化。	黄色	無色
中性	どちらも変化しない。	緑色	無色
アルカリ性	赤色が青色に変化。	青色	赤色

酸 電離して水素イオンH⁺を生じる物質。

$$酸 \longrightarrow H^+ (水素イオン) + 陰イオン$$

アルカリ 電離して水酸化物イオンOH⁻を生じる物質。

$$アルカリ \longrightarrow 陽イオン + OH^- (水酸化物イオン)$$

pH 酸性・アルカリ性の強さを表す数値。

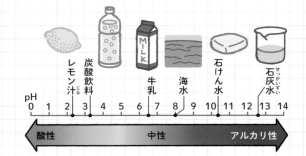

レモン汁　炭酸飲料　牛乳　海水　石けん水　石灰水

pH 0 1 2 3 4 5 6 7 8 9 10 11 12 13 14

酸性　←　中性　→　アルカリ性

酸性，アルカリ性という言葉を聞いたことある？

知ってる！　小学校でリトマス紙を使って調べたよ。

これにもイオンが関係しているんだよ。

水溶液中で水素イオンH⁺を生じる物質が酸。水酸化物イオンOH⁻を生じる物質がアルカリ。

酸性とアルカリ性の強さを表すのに，pHを使うよ。身のまわりにあるものの性質は，左の図を見てね。

飲みものは酸性のものが多いんだね。石けん水はアルカリ性なんだ。

酸性とアルカリ性のどちらでもないもの，例えば，純粋な水のpHは7なんだ。

p.95の check! の答え ❶化学エネルギー　❷亜鉛　❸二次電池（蓄電池）　❹水素

イオンの移動

酸性やアルカリ性の水溶液に電圧を加えると，H^+やOH^-が水溶液の中を移動する。

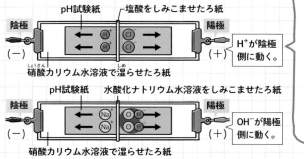

陰極 （−）　pH試験紙　塩酸をしみこませたろ紙　陽極 （＋）

H^+が陰極側に動く。

硝酸カリウム水溶液で湿らせたろ紙

陰極 （−）　pH試験紙　水酸化ナトリウム水溶液をしみこませたろ紙　陽極 （＋）

OH^-が陽極側に動く。

硝酸カリウム水溶液で湿らせたろ紙

ふしぎ～！　変色したところが動いていく！

pH試験紙が変色したところは，H^+やOH^-があるところだよ。H^+は＋の電気を帯びているから陰極側に，OH^-は−の電気を帯びているから陽極側に動くんだ。

中和と塩（ちゅうわ）（えん）

H^+とOH^-が反応して水ができ，酸の陰イオンとアルカリの陽イオンが反応して塩ができる。

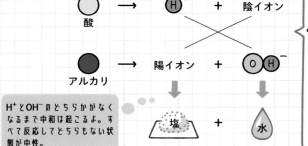

酸　→　H^+　＋　陰イオン

アルカリ　→　陽イオン　＋　OH^-

塩　＋　水

H^+とOH^-のどちらかがなくなるまで中和は起こるよ。すべて反応してどちらもない状態が中性。

酸性とアルカリ性の水溶液を混ぜると，たがいの性質を打ち消しあって水ができるんだ。この反応を「中和」っていうよ。

「なかなおり」ってことかな？

それは「和解」(笑)。このとき，酸の陰イオンとアルカリの陽イオンが結びついて「塩」ができるよ。

---

check!

次の問いに答えよう ♥ ♥ ♥

答えは p.98 だよ。

1　青色リトマス紙を赤色に変えるのは，酸性？ アルカリ性？

2　中性のとき，pHはいくつ？

3　酸とアルカリがたがいの性質を打ち消しあう反応を何という？

4　中和によってできる水以外の物質を何という？

7 生物の成長とふえ方

生物のからだは小さな細胞でできているよ。
成長したり，ふえたりするのに，どう関係するのかな。

生物の成長

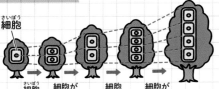

細胞

細胞分裂 → 細胞が大きくなる。 → 細胞分裂 → 細胞が大きくなる。

生物は細胞分裂によって成長するんだよ。1つの細胞が2つに分かれ，それぞれの細胞が大きく成長するんだ。

♥細胞分裂によって細胞の数がふえる。

♥分裂したそれぞれの細胞が大きくなる。

ペアが分裂してる！

根の先では，細胞分裂がさかんに行われているよ。

根ののび方

根の先端付近がよくのびる！

（マメの根ののび）
暗いところに置く。

マメ
水

等間隔に印をつける。

ぶつぶつしていて，ちょっと気持ち悪い。

そんなこと言わないで。分裂したてのときには小さかった細胞が，大きく成長することで，根がのびていくんだよ。

（タマネギの根の先端部分）

細胞が大きい。

細胞が大きく成長している。

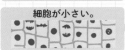
細胞が小さい。

成長点（細胞分裂がさかん）

根冠（成長点を保護）

根に等間隔に印をつけると，先端の方がぐんぐんのびているのがわかるね。これは，根の先に，成長点という，細胞分裂のさかんな部分があるからなんだ。

成長点には，核が見えない細胞もあるね。

それは細胞分裂中の細胞だよ。

p.97の check! の答え ❶酸性 ❷7 ❸中和 ❹塩

細胞分裂

（植物の細胞）

核

染色体が2つに
分かれる。

細胞壁（さいぼうへき）　染色体（せんしょくたい）

①核の中の染色体が複製される。

②染色体が太くなり，ひものようになる。

③染色体が中央付近に集まる。

④染色体が両端（りょうたん）に移動する。

染色体の数は分裂前と同じ。

しきり

⑦2個の細胞はそれぞれ大きくなる。

⑥2個の細胞に分かれる。

⑤しきりができる。

からだをつくる細胞が分裂する細胞分裂を，
特に体細胞分裂（たいさいぼうぶんれつ）という。

染色体と遺伝子（いでんし）

染色体

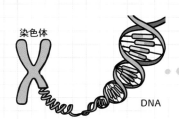

DNA

染色体には，遺伝子がある。遺伝子の本体はDNA（デオキシリボ核酸）（かくさん）という物質である。

細胞の核の中には染色体というものがあるよ。

ひもみたいな形をしているね。

その中に，遺伝子というものがあるよ。

細胞が分裂するときには，まず染色体がコピーされて2倍になり，それが2つに分かれることで，細胞も2つになるんだ。

なんで染色体っていうの？

特定の色素によって染まるからなんだよ。酢酸（さくさん）オルセイン溶液（ようえき）や酢酸カーミン溶液によって染色体は赤く染まるんだ。

---

check!　次の問いに答えよう ♥ ♥ ♥　　♥答えはp.100だよ。

1 細胞が2つに分かれることを何という？

2 植物の根の先にある，1 がさかんな部分を何という？

3 細胞分裂時に見えるようになるひも状のものを何という？

4 遺伝子は何という物質でできている？

8

無性生殖と有性生殖

生物がふえることを生殖というよ。
生殖には無性生殖と有性生殖の2つの方法があるよ。

無性生殖　雄・雌がかかわらない生殖。

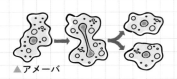

▲アメーバ

▲酵母

植物がからだの一部から新しい個体をつくる無性生殖を栄養生殖という。

新しい個体になる。

▲サツマイモ

発芽する。

むかご

▲ヤマノイモのむかご

雄と雌がかかわらず，アメーバみたいに分裂して新しい個体をつくるふえ方や，イモなどで新しい個体をつくるふえ方を無性生殖というよ。

わたしも分裂してみたい！

被子植物の有性生殖

雄・雌がかかわる生殖。

花粉の中の 精細胞 と胚珠の中の 卵細胞 が 受精 する。

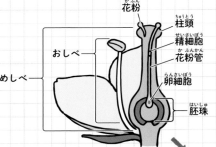

花粉

柱頭

精細胞

花粉管

卵細胞

おしべ

めしべ

胚珠

★POINT!

受精
…生殖細胞（卵細胞と精細胞）の核が合体すること。

胚

子房

種子

果実

胚

胚珠全体が種子になる。

受精卵は分裂をくり返して胚になる。

おしべとめしべをもつ植物は有性生殖をするよ。

どうやって，ふえるの？

花粉がめしべの柱頭につくと，花粉管がにゅ～んとのびるんだ。その中を，花粉の中にある精細胞が移動して，胚珠の中にある卵細胞と受精し，胚珠は種子になるんだよ。

種子は赤ちゃんみたいなものかな？

そうだね。子房は果実になるんだよ。

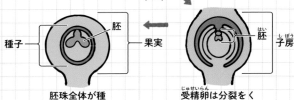

p.99の check! の答え　❶細胞分裂　❷成長点　❸染色体
❹DNA（デオキシリボ核酸）

 **動物の有性生殖**

雄・雌がかかわる生殖。

（カエルの受精と発生）

雌の卵巣でつくられる|卵|と雄の精巣でつくられる|精子|が|受精|する。

カエルも有性生殖をするよ。雌の卵と雄の精子が受精して，受精卵というものがつくられて，それが細胞分裂してからだができていくんだ。

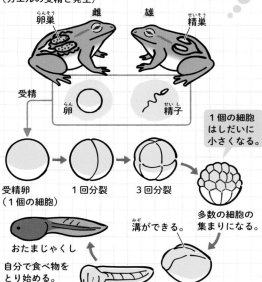

らん巣
卵巣
雌
雄
精巣
せいそう

受精

卵
らん
精子
せい し

受精卵
（1個の細胞）

1回分裂

3回分裂

1個の細胞はしだいに小さくなる。

多数の細胞の集まりになる。

溝ができる。
みぞ

おたまじゃくし
自分で食べ物をとり始める。

からだの形ができてくる。

外形が変化し，いろいろな器官ができ始める。

おたまじゃくしになるんだね。

受精卵から胚をへて成体（生殖可能な個体）になるまでの過程を発生というよ。

無性生殖と有性生殖
無性生殖では，子は親と同じ遺伝子を受けつぐよ。有性生殖では，両方の親がもっている遺伝子を半分ずつ受けつぐよ。

☆POINT!
胚 …受精卵が分裂してから，自分で食べ物をとり始める前まで。
はい
発生…受精卵から成体になるまでの過程。
はっせい

---

check! 次の問いに答えよう ♥ ♥ ♥   ♥ 答えは p.102 だよ。

1 雄・雌がかかわらない生殖を何という？

2 植物が受精したあと，子房は何になる？

3 動物の雌の生殖細胞を何という？

4 雌と雄の生殖細胞の核が合体することを何という？
かく

9 遺伝

形，色，性質などの特徴を形質といい，形質を表すもとになるものを
遺伝子といって，これが子や孫に伝わることを遺伝っていうんだ。

遺伝のきまり

エンドウの種子

丸　しわ

| 対立形質 | 同時に現れない2つの形質。 |

子の代への遺伝

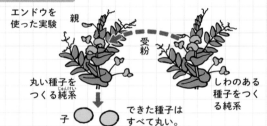

エンドウを使った実験

親　受粉

丸い種子をつくる純系　しわのある種子をつくる純系

子　できた種子はすべて丸い。

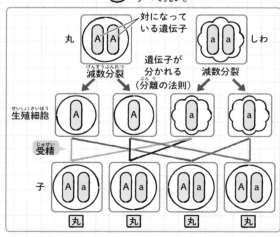

丸　対になっている遺伝子　しわ

減数分裂　遺伝子が分かれる（分離の法則）　減数分裂

生殖細胞

受精

子

丸　丸　丸　丸

対立形質をもつ純系どうしをかけ合わせたとき，子に現れる形質を顕性形質，子に現れない形質を潜性形質というよ。

ママとパパの形質のうち，ママの形質しか現れないこともあるんだ！

遺伝のきまりは，メンデルさんっていう人がエンドウを使って見つけたんだよ。

すごい！

子の種子に現れる形質には，きまりがあったんだよ。丸い種子をつくる純系としわのある種子をつくる純系をかけ合わせても，子の代では丸い種子しかできなかったんだ。

丸が顕性形質で，しわが潜性形質というわけね。

孫の代への遺伝

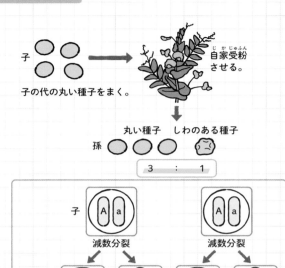

子

子の代の丸い種子をまく。

自家受粉(じかじゅふん)させる。

丸い種子　しわのある種子

孫

| 3 | : | 1 |

子

A a　　　A a

減数分裂　　　減数分裂

生殖細胞

A　　a　　A　　a

受精

孫

AA　　Aa　　Aa　　aa

丸　　丸　　丸　　しわ

ところが，子どうしをかけ合わせると，丸い種子としわのある種子が3：1でできたんだ。

なんでー？

そのヒミツは遺伝子にあったんだよ。丸の遺伝子をA，しわの遺伝子をaで表したとき，Aがふくまれる種子は丸になる。子の代は，すべてAaの組み合わせだから，すべて丸になるんだ。孫の代では，Aがふくまれるものとふくまれないものが3：1になるから，丸い種子としわのある種子が3：1でできるんだよ。

メンデル
1822-1884

オーストリア出身。
エンドウの交配実験から遺伝に関するメンデルの法則を発見。

---

check! 次の問いに答えよう ♥ ♥ ♥

♥ 答えは p.104 だよ。

♥1 同時に現れない2つの形質を何という？

♥2 エンドウを使って遺伝の規則性を明らかにしたのは誰(だれ)？

♥3 丸い種子をつくる純系としわのある種子をつくる純系のエンドウをかけ合わせると，孫の代では丸い種子としわのある種子はどんな割合で現れる？

10 動物の進化・自然と環境

脊椎動物は，水中での生活から陸上での生活に適するように進化してきたよ。
自然界の生物はさまざまなつり合いの中で生きているんだ。

脊椎動物の進化

進化 生物が，長い時間をかけて，世代を重ねる間に変化すること。

殻のない卵
殻のある卵
肺呼吸
えら呼吸
子はえら呼吸や皮膚呼吸
親は肺呼吸や皮膚呼吸

魚類 → 両生類 → は虫類 → 鳥類
　　　　　　　→ 哺乳類

シソチョウ

鳥類の特徴
・前あしが翼のようになっている。
・羽毛が生えている。

は虫類の特徴
・歯がある。
・翼に3本のつめがある。

相同器官

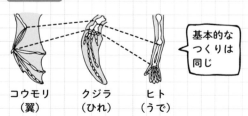

コウモリ（翼）　クジラ（ひれ）　ヒト（うで）

基本的なつくりは同じ

脊椎動物は，水中での生活に適するからだから，陸上での生活に適するからだへと変化していったんだよ。

陸上生活への変化の例
・えら呼吸→肺呼吸
・殻のない卵→殻のある卵
・ひれ→あし

シソチョウって鳥なの？

シソチョウは，は虫類と鳥類の中間の生物と考えられているよ。

鳥類がは虫類から進化した証拠だね。

現在の形やはたらきがちがっていても，もとは同じ器官だったと考えられるものを相同器官というよ。

ベアの前あしとわたしのうでも，もとは同じものだったんだね。

p.103の check! の答え ❶対立形質 ❷メンデル ❸丸：しわ＝3：1

食物連鎖

食物連鎖 生物どうしの食べる・食べられるというつながり。

食物網 複雑に，網の目のようにからみ合った食物連鎖のつながり。

食べる・食べられるの関係で，植物がいちばん多くて，大形の肉食動物は少ないんだ。

生物の量がピラミッドみたいな形になってるね。

生物量ピラミッド

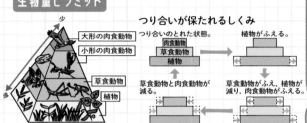

少

大形の肉食動物
小形の肉食動物
草食動物
植物

多

つり合いが保たれるしくみ

つり合いのとれた状態。

肉食動物
草食動物
植物

植物がふえる。

草食動物と肉食動物が減る。

草食動物がふえ，植物が減り，肉食動物がふえる。

生物の量は，一定に保たれるけれど，何か原因があると，それがくずれてしまうことがあるよ。

物質の循環

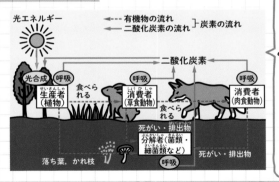

光エネルギー

- - - → 有機物の流れ
──→ 二酸化炭素の流れ] 炭素の流れ

二酸化炭素

光合成　呼吸　　呼吸　　　　　　呼吸

生産者（植物）　食べられる　消費者（草食動物）　食べられる　消費者（肉食動物）

死がい・排出物

分解者（菌類・細菌類など）　死がい・排出物

落ち葉，かれ枝　　呼吸

生産者，消費者，分解者の生物がいて，食べたり食べられたり，死んだあとに分解されたりして物質が循環しているんだ。

キノコやカビは分解者なんだね。

分解者は，死がいや排出物などの有機物を無機物の二酸化炭素などに変えるんだ。

---

check! 次の問いに答えよう ♥ ♥ ♥ 　　♥答えは p.106 だよ。

1. 最初の脊椎動物が生活していたのは，水中と陸上のどちら？

2. もとは同じものであったからだのつくりを何という？

3. 食べる・食べられるという，生物どうしの関係を何という？

4. 有機物を無機物に変える，菌類や細菌類などの生物を何という？

水圧と浮力

水の中にある物体にはあらゆる向きから圧力が加わるよ。
その圧力によって，物体には浮き上がる力がはたらくんだ。

水圧

©JAMSTEC

水圧は水の重さによって生じる圧力。
あらゆる向きからはたらく。
水圧は，深さが深いほど大きい。

☆POINT!
空気中にある物体には空気の重さに
よって気圧（大気圧）が生じるよ。

このカップ麺のカップ，
カワイイ〜☆ 小さく
なってる〜！

深海に持っていくと，こん
なふうに水圧で小さくな
るんだ。
水圧はあらゆる向きから
加わるから，カップ全体
が小さくなっているね。

うんうん。深くなるほど
小さくなってる〜！

そうだね。水圧は深く
なるほど大きくなるん
だ。

水圧の計算

A面の上にある水の体積は，
$1 m^3 = 1000000 cm^3$

↓ 水の密度は1.0 g/cm³

A面の上にある水の質量は，
1000000g

↓ 100 gの物体にはたらく
重力の大きさは約1 N

水がA面に加える力の大きさは，
10000 N

↓ 水圧〔Pa〕= $\dfrac{力の大きさ〔N〕}{力がはたらく面積〔m^2〕}$

A面にはたらく水圧の大きさは，

$\dfrac{10000 N}{1 m^2} = 10000 Pa$

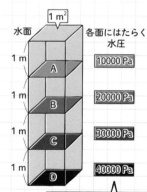

1 m²

水面　　　各面にはたらく
　　　　　水圧

1 m　A　10000 Pa
1 m　B　20000 Pa
1 m　C　30000 Pa
1 m　D　40000 Pa

深くなれば深くなる
ほど，上にある水の
量がふえるので，各
面にはたらく水圧は
大きくなる。

でも，どうして深くな
るほど水圧は大きくな
るんだろう。

圧力〔Pa〕= $\dfrac{力の大きさ〔N〕}{面積〔m^2〕}$

だったね。
深ければ深いほど水が
物体に加える力が大き
くなるから，水圧も大
きくなるよ。

なるほど〜。深くなる
と，よりたくさんの水
が上に乗っかるんだね。

p.105の check! の答え ❶水中 ❷相同器官 ❸食物連鎖 ❹分解者

浮力

水中ではたらく上向きの力を浮力という。

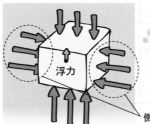

物体の下の面は上の面よりも深くにあるので，下の面に加わる力は上の面に加わる力よりも大きいよ。

側面に加わる力は打ち消し合う。

下の面にはたらく力 － 上の面にはたらく力 ＝ 浮力

水中にある物体には，下の面と上の面にはたらく力の大きさの差だけ，上向きの力が加わる。

水の中に木でできたものを入れたら，浮き上がったよ。

それには水圧が関係しているんだ。水圧はあらゆる向きから物体に加わっているけど，物体の下の面に加わる上向きの力の方が，上の面に加わる下向きの力より大きいんだよ。

トータルでは上向きの力の方が大きいから，物体に浮き上がる力がはたらく，ということだね。その力が浮力なんだ。

物体の浮き沈み

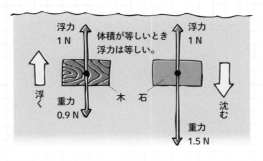

浮力 1 N　体積が等しいとき浮力は等しい。

浮力 1 N

浮く　重力 0.9 N　木　石

沈む　重力 1.5 N

木は重力よりも浮力の方が大きいから，水に入れると浮くんだ。石は浮力よりも重力の方が大きいから，水に入れると沈むよ。

---

check!

次の問いに答えよう ♥ ♥ ♥

♥ 答えは p.108 だよ。

1 水の重さによって生じる圧力を何という？

2 水深の深いところと浅いところで， 1 が大きいのはどちら？

3 水の中で，物体にはたらく上向きの力を何という？

12 力のはたらき

2つの力を1つの力に合わせることを力の合成，
1つの力を2つの力に分けることを力の分解というよ。

力の合成

一直線上にあるとき

同じ向きの力の合成

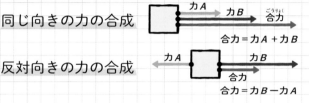

合力＝力A＋力B

反対向きの力の合成

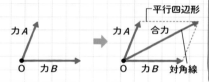

合力＝力B－力A

一直線上にないとき

力A　力B　→　力A　合力　対角線
O　力B　　O　力B　対角線　平行四辺形

> 力を合成してできた力を合力というよ。複数の力を1つの力の矢印で表すことができるんだ。

> 何人かで荷物を引っ張るときにあてはまるね。

> 一直線上で同じ向きに力がはたらいていれば足し算すればいいし，反対向きに力がはたらいていれば引き算すればいいんだ。

力の分解

1つの力を2つに分ける

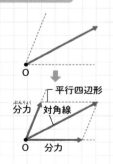

平行四辺形
分力　対角線
O　分力

斜面上の物体にはたらく力

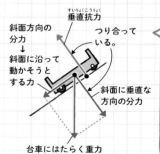

垂直抗力
斜面方向の分力
→斜面に沿って動かそうとする力
つり合っている。
斜面に垂直な方向の分力
台車にはたらく重力

> 1つの力を複数の力に分解することもできるよ。このとき分けられたそれぞれの力を分力というよ。

> 力の分解はどんなときに使うの？

> 例えば台車の重力は斜面方向と斜面に垂直な方向の2つに分解されるよ。この2力を求めるときに使えるよ。

p.107の check! の答え ①水圧 ②深いところ ③浮力

作用・反作用の法則

物体に力を加えると，物体からも力を受ける。

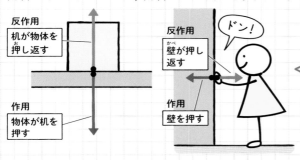

反作用
机が物体を押し返す

作用
物体が机を押す

反作用
壁が押し返す

ドン！

作用
壁を押す

2つの物体の間に力がはたらき合うとき，反対向きで同じ大きさの力がはたらき合っているよ。

壁にドン！って手をついたら，壁も手を押し返してくるってことね。

そうそう。それを作用・反作用の法則というよ。

力のつり合いと作用・反作用

作用・反作用の2力はつり合っている2力とちがい，別々の物体にはたらく。

☆POINT！
2力がつり合う条件
① 大きさが等しい
② 向きが反対
③ 一直線上にある

 力のつり合い

1つの物体にはたらく力。

作用・反作用

2つの物体に別々にはたらく。

台がみかんを押す力（垂直抗力）

地球がみかんを引く力（重力）

反作用…台がみかんを押す力（垂直抗力）

作用…みかんが台を押す力

作用・反作用の2つの力は，つり合っているっていうことなの？

作用・反作用の2つの力は，つり合っている2つの力とはちがうよ。つり合っている2つの力は1つの物体にはたらくけれど，作用・反作用の2つの力は別々の物体にはたらいているんだ。

---

check!　次の問いに答えよう ♥ ♥ ♥　　♥答えは p.110 だよ。

❶ 複数の力を合成した1つの力を何という？

❷ 1つの力を，その力と同じはたらきをする2つの力に分けることを力の何という？

❸ 物体に力を加えると，物体からも力を受ける法則を何という？

13 速さと物体の運動

運動する物体の速さが変化するときは，物体に力がはたらいているよ。
力がはたらかないと，速さは変化しないよ。

速さ

$$速さ〔m/s〕= \frac{物体が動いた距離〔m〕}{かかった時間〔s〕}$$

平均の速さ ある区間を，一定の速さで動いたと考えたときの速さ。

瞬間の速さ ごく短い時間に動いた距離をもとに求めた速さ。時々刻々の速さ。

速さには，2種類あるんだね。

物体はいつも同じ速さで動いているとはかぎらないからね。

記録タイマー

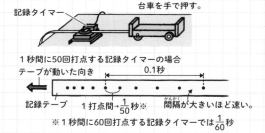

記録タイマー

台車を手で押す。

1秒間に50回打点する記録タイマーの場合

テープが動いた向き

0.1秒

記録テープ

1打点間→$\frac{1}{50}$秒※　間隔が大きいほど速い。

※1秒間に60回打点する記録タイマーでは$\frac{1}{60}$秒

記録タイマーっていう道具があって，台車などの動きを記録できるんだ。カチカチと決まったスピードで点を打つ間に，テープがどれだけ移動したかがわかるようになっているよ。

間隔が大きいほど，速く移動したってことなのね。

だんだん速くなるとき

0.1秒間に進んだ距離〔cm〕

1 2 3 4 5

速さが変わらないとき

0.1秒間に進んだ距離〔cm〕

1 2 3 4 5

5打点ごとにテープを切って並べたとき，左側の絵ではテープがだんだん長くなっているよね。このことから，同じ時間に進む距離が長くなっている，つまり，物体の速さがだんだん速くなっているのがわかるよ。

p.109の check! の答え ❶合力 ❷力の分解 ❸作用・反作用の法則

小球の運動のようす

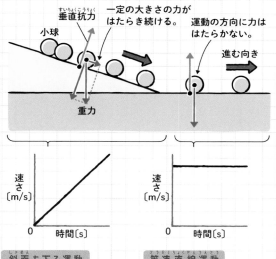

垂直抗力

一定の大きさの力がはたらき続ける。

運動の方向に力ははたらかない。

小球

進む向き

重力

ボールを転がすコースをつくったよ。斜面では, 重力の斜面に平行な分力がはたらき続けるから, ボールはだんだんと速くなるよ。

平らなところでボールはどう動くの?

摩擦がない平らなところでは, 運動する向きには, 力がはたらいていないので, ボールは一定の速さで転がり続けるんだよ。これを「等速直線運動」というよ。

斜面を下る運動

だんだん速くなる。

等速直線運動

速さと向きは常に一定。
移動距離は時間に比例。

慣性の法則

外から力を加えない限り, 静止している物体は静止し続け, 運動している物体は等速直線運動を続ける。

発進する→うしろに倒れそうになる。

電車が走り出すとき, 倒れそうになるね。

慣性の法則のせいだね。静止している物体はそのまま止まっていようとするからだよ。

---

check! 次の問いに答えよう ♥ ♥ ♥

♥答えは p.112 だよ。

1 ある区間を物体が一定の速さで動いたと考えたときの速さを何という?

2 斜面にボールを置いて手を放すと, ボールの速さはどうなる?

3 一定の速さで一直線上を動く運動を何という?

4 運動している物体が 3 の運動を続けようとすることを何の法則という?

14 仕事と仕事率

ふつうに「仕事をする」っていうのと，理科の「仕事をする」はちがうよ。
理科では，力を加えても力を加えた方向に動かないと，仕事をしたとはいえないんだ。

仕事

力の向きと動く向きが同じとき，仕事をしたというよ。

動く向き　力

力

動かない　力

仕事をしている。　　仕事をしていない。

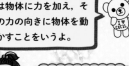

理科の世界の「仕事」は物体に力を加え，その力の向きに物体を動かすことをいうよ。

どういうこと？

壁をがんばって押しても，壁が動かなければ仕事をしたとはいえないよ。

仕事と仕事率

$$仕事〔J〕＝力の大きさ〔N〕×力の向きに動いた距離〔m〕$$

$$仕事率〔W〕＝\frac{仕事〔J〕}{かかった時間〔s〕}$$

一定時間あたりにどれだけ仕事ができるかが仕事率だよ。

仕事をかかった時間で割ればいいんだね。短い時間でぱっとすませた方が，仕事できるって感じがするね！

物体を引き上げる仕事

$$4N × 1m = 4J$$

★POINT!
約100gの物体にはたらく重力は1N（ニュートン）だよ。

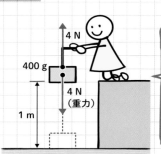

4N

400g

4N（重力）

1m

仕事の大きさは〔J〕で表すよ。物体を引き上げるときは，左のように，重力と移動距離をかけると仕事が求められるよ。

p.111の check! の答え ①平均の速さ ②速くなる（大きくなる）。 ③等速直線運動 ④慣性の法則

道具を使った仕事

仕事の原理

直接持ち上げても，道具を使っても，仕事の大きさ（量）は変わらない。

てこ

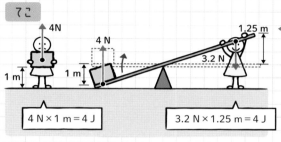

4N×1m＝4J

3.2N×1.25m＝4J

滑車

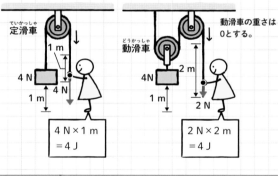

定滑車

4N×1m
＝4J

動滑車

2N×2m
＝4J

道具を使って仕事をすればだいぶラクになるね！

うーん，そうとも言い切れないんだ。

えー？

道具を使うと，小さな力で動かすことができる。でも，動かす距離は長くなるよ。同じ仕事をするのに道具を使っても使わなくても仕事の大きさは変わらないんだ。

道具を使ってもラクはできないのかあ…。

♥答えはp.114だよ。

check! 次の問いに答えよう ♥ ♥ ♥

1 物体に力を加えて力の向きに動かしたとき，力は物体に何をしたという？

2 1の単位は何？

3 一定時間あたりにする仕事を何という？

4 3の単位は何？

15 力学的エネルギー

物体がほかの物体に対して仕事をする能力があるとき，
その物体はエネルギーをもっているというよ。

位置エネルギーと運動エネルギー

エネルギー 物体がほかの物体に仕事をする能力。

位置エネルギー
高いところにある物体がもっているエネルギー。
高いところにあるほど大きい。
質量が大きいほど大きい。

運動エネルギー
運動している物体がもっているエネルギー。
速さが速いほど大きい。
質量が大きいほど大きい。

スピード危険！
車の速さが2倍になると運動エネルギーは4倍に，速さが3倍になると運動エネルギーは9倍になる。だからスピードを出しすぎの車が事故を起こすと大事故になるんだ。

9倍

エネルギーって言葉はふつうに使うけど，実際どういうものなの？

エネルギーとは，ほかの物体に仕事をする，すなわち，ほかの物体を動かす能力のことだよ。物体が仕事ができる状態にあるとき，その物体はエネルギーをもっているというよ。

高いところにある物体は位置エネルギーをもっていて，運動している物体は位置エネルギーをもっているよ。

へー！ エネルギーにもいろいろあるのね。

力学的エネルギーの保存

位置エネルギーと運動エネルギーの和を
力学的エネルギーという。
力学的エネルギーは常に一定。

位置エネルギーと運動エネルギーはたがいに移り変わるんだ。運動エネルギーがふえると，その分だけ位置エネルギーは減る。だから，全体の力学的エネルギーの量は変わらないんだ。

p.113の check! の答え ❶仕事 ❷ジュール（J） ❸仕事率 ❹ワット（W）

ジェットコースターの運動

ジェットコースターで見てみよう。

ジェットコースター！

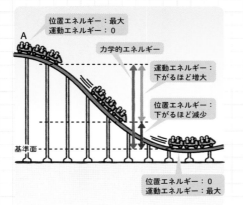

位置エネルギー：最大
運動エネルギー：0

A

力学的エネルギー

運動エネルギー：
下がるほど増大

位置エネルギー：
下がるほど減少

基準面

位置エネルギー：0
運動エネルギー：最大

A地点では止まっているから運動エネルギーはゼロで，いちばん高いところにあるから位置エネルギーは最大。

いちばん下がいちばん速いんだね。

振り子の運動

振り子についても考えてみよう。振り子もジェットコースターと同じように考えればいいね。

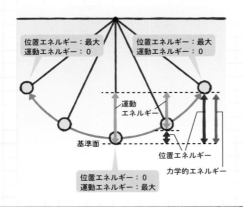

位置エネルギー：最大
運動エネルギー：0

位置エネルギー：最大
運動エネルギー：0

運動
エネルギー

基準面

位置エネルギー

力学的エネルギー

位置エネルギー：0
運動エネルギー：最大

振り子を見てると，不思議とねむくなるよ。

振り子のおもりも，位置エネルギーと運動エネルギーが移り変わりながら往復しているよ。

---

check!　次の問いに答えよう ♥ ♥ ♥　　　♥ 答えは p.116 だよ。

1 高い位置にある物体がもつエネルギーを何という？

2 運動している物体がもつエネルギーを何という？

3 **1** と **2** のエネルギーの和を何という？

16 天体の動き

地球は1日に1回，自転しているので，太陽や星が動いていくように見えるよ。

太陽の1日の動き

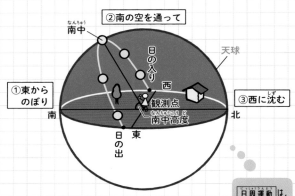

②南の空を通って
南中
日の入り
天球
①東から
のぼり
西
観測点
南中高度
南
日の出
東
北
③西に沈む

本当は，地球の方が自転しているのだけれど，空を見ると，太陽や星が地球のまわりを回っているように見えるね。

太陽って，わたし中心に回ってるわけじゃないんだ！

太陽や星の動きを表すのに便利な見かけ上の球面を，天球っていうよ。

お昼には，太陽が高い位置にあるよね。

高度が最も高くなることを南中というよ。

日周運動は，地球の自転による。

星の1日の動き

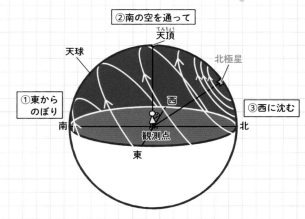

②南の空を通って
天頂
天球
北極星
①東から
のぼり
西
③西に沈む
観測点
南
北
東

星も，太陽と同じように，天球上を1日に1周するんだよ。

星になると，急にロマンチックに感じる〜！

北の空の星は北極星を中心に，反時計回りに1日に1回転するんだ。

1時間で約15°（24時間で約360°）
東から西へ動く。

p.115の check! の答え ❶位置エネルギー ❷運動エネルギー ❸力学的エネルギー

南の空の星の動き

1時間で約15°
東から西へ動く。

東　南　西

北の空の星の動き

北極星を中心に
反時計回りに回る。

北極星

西　北　東

南の空と北の空で，回る向きが反対になっているけど，天球を見れば，見る方向が変わっているからだとわかるね。

なるほど！　どっちも東からのぼって西に沈んでいるね。

太陽や星が天球上を，1日1周する動きを日周運動というよ。

星の1年の動き

地球は1年で1回（360°）公転するので，星は1か月に約30°（1日に約1°）動く。

地球の公転によって起こる天体の見かけの動きを年周運動というよ。

太陽の見かけの通り道…黄道

てんびん座　おとめ座　しし座
さそり座
いて座　　夏　太陽　春　　かに座
　　　　　秋　　　冬　　ふたご座
やぎ座　　　　　　　　　おうし座
　　　　　うお座
みずがめ座　おひつじ座
　　　　　　　　　　オリオン座

12星座とはどういう関係があるの？

地球が公転するから，季節によって，見える星座がちがうんだ。いわゆる12星座は，黄道上にある12の星座だよ。「黄道12星座」ともよばれるんだ。

年周運動は，地球の公転による。

♡答えは p.118 だよ。

check! 次の問いに答えよう ♥ ♥ ♥

1 地球の自転によって起こる太陽の見かけの動きを何という？

2 太陽や星の動きを表すのに便利な見かけ上の球面を何という？

3 北の空の星が回るときに，中心となっているように見える星は何？

4 地球の公転によって起こる天体の見かけの動きを何という？

17 季節の変化，月と金星の見え方

夏が暑かったり，冬が寒かったりするのは，地球の公転が関係しているよ。

季節の変化

季節がある理由

地軸が傾いているために
♥南中高度が変化するから。
♥昼の長さが変化するから。

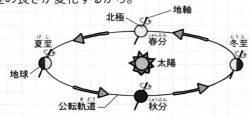

南中高度が高いと，同じ面積に受ける光の量がふえる。
→気温が高くなる。

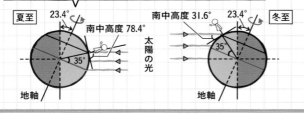

日食　月によって太陽がかくされて起こる。

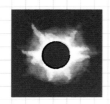
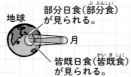

皆既日食　月で太陽の全体がかくされる日食。

夏は太陽の南中高度が高い。そして，同じ面積に受ける光の量が冬よりも多くなって，気温が上がるんだ。

夏は日ざしが強いから暑いのね。

それに，夏は昼の時間が長くなるよ。地面が光を受ける時間が長くなって，気温が上がるんだ。

太陽の光ってすごいパワーだね。

見たことあるよ，日食。フィルムを通して見たら，太陽が月みたいに欠けてた。

日食は，太陽と地球の間に月が入って，太陽からの光をさえぎることで起こるんだよ。その欠けた部分に月があって，月の影の部分から太陽を観察してるってことだね。

p.117の check! の答え ❶日周運動 ❷天球 ❸北極星 ❹年周運動

月の動きと見え方

月は太陽の光を反射して輝いて見える。
月は地球のまわりを公転している。

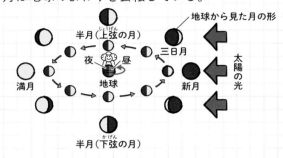

月の満ち欠けは月が地球のまわりを公転することで起こるんだ。太陽の光が当たっていないところが欠けて見えるよ。

月の形自体が変わっているわけではないんだね。

この図を見れば，満月は夜にしか見ることができないとわかるね。

金星の動き

金星も満ち欠けをする。
地球との距離で，見える
大きさが変わる。

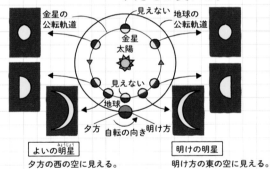

よいの明星
夕方の西の空に見える。

明けの明星
明け方の東の空に見える。

夕空にひときわ明るい星を見つけたら，それは金星の場合が多いよ。その金星を「よいの明星」というんだ。

そういえば，夕焼け空に，きらーんと光る星を見たことがあるよ！あれかな。

地球との距離で見える大きさが変わって，月のように満ち欠けもするんだよ。

---

check!　次の問いに答えよう ♥ ♥ ♥
♥ 答えは p.120 だよ。

① 地球が自転するときの軸を何という？

② 太陽の南中高度が最も高いのは，春分，夏至，冬至のうちどれ？

③ よいの明星とよばれる星は何？

④ 太陽の一部，あるいは全部が月にかくされて見えなくなることを何という？

18 太陽系と銀河系

地球をふくむ太陽系は，銀河系という恒星の集団の中にあるよ。
宇宙には，銀河系のような恒星の集団がたくさんあるんだ。

太陽系

太陽のまわりを回っている惑星などの天体の集まり。

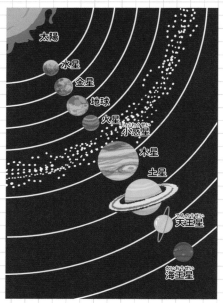

太陽
水星
金星
地球
火星
小惑星
木星
土星
天王星
海王星

太陽系の天体

地球型惑星	水星	・小型 ・密度が大きい ・岩石でできている
	金星	
	地球	
	火星	
木星型惑星	木星	・大型 ・密度が小さい ・ガスや氷でできている
	土星	
	天王星	
	海王星	
その他の天体	小惑星	おもに火星と木星の間にある小天体
	衛星	惑星のまわりを公転
	すい星	氷やちりでできている

太陽系の惑星は，覚え方があるよ。「スイ・キン・チ・カ・モク・ド・テン・カイ」

魔法の呪文みたいだね。

大きく2つのグループに分かれているよ。まず，「スイ・キン・チ・カ」の4つの惑星が地球型惑星。小さめで岩石でできたかたい天体なんだ。

太陽に近いところにあるグループね。

「モク・ド・テン・カイ」が，木星型惑星。大きくてガスや氷でできている天体だよ。

なんだか，寒そうだね。

惑星のまわりを回る天体を衛星というよ。

地球のまわりを回る月のような？

そう。木星や土星には，50個以上の衛星が見つかっているよ。

p.119の check! の答え ❶地軸 ❷夏至 ❸金星 ❹日食

太陽のようす

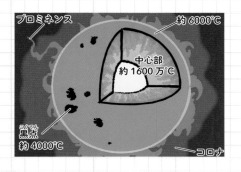

プロミネンス
約6000℃
中心部
約1600万℃
黒点
約4000℃
コロナ

太陽も正体はガスのかたまりのようなもの。直径は地球の約109倍。表面温度が約6000℃もあるんだ。

6000℃って，熱すぎ！

黒点はまわりより温度が低くなっているよ。

銀河系と宇宙の広がり

10万光年
約3万光年
太陽系
銀河系の中心

銀河系
太陽系をふくむ約2000億個の恒星の集団。

銀河
巨大な恒星の集団。銀河系も銀河の1つ。

太陽みたいに輝く星がいっぱいあるのね。

太陽系の外側には恒星がいっぱいあって，その外側には銀河系と同じような銀河がまたいっぱいある…。

はてしないね～。

---

check! 次の問いに答えよう ♥ ♥ ♥　　♥答えはp.122だよ。

1 太陽系の惑星をすべて答えてね。

2 地球型惑星はおもに何でできている？

3 太陽の表面で，まわりより温度が低く，斑点状に見える部分を何という？

4 太陽系が属する恒星の集団を何という？

19 エネルギーと科学技術

理科って役に立たない？ そんなことないよ。
くらしが便利になっていくのも，科学技術の発展のおかげなんだよ。

いろいろなエネルギー

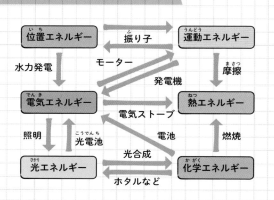

位置エネルギー　←振り子→　運動エネルギー
水力発電　モーター　発電機　摩擦
電気エネルギー　電気ストーブ　熱エネルギー
照明　光電池　電池　燃焼
光合成
光エネルギー　←ホタルなど→　化学エネルギー

運動エネルギーと位置エネルギーのほかにもいろいろあるよ。

熱も，電気や光もエネルギーなんだね。

装置を使うことによって，エネルギーの形を変えることができるんだ。

発電

発電方法 （利用するエネルギー）	利点	問題点
火力発電 （化石燃料の化学エネルギー）	発電量が大きく，コントロールしやすい。	温室効果ガス
原子力発電 （ウランなどの核エネルギー）	発電時に温室効果ガスが出ない。	放射性廃棄物
水力発電 （水の位置エネルギー）	廃棄物が出ない。	ダムの建設
風力発電 （風の運動エネルギー）	廃棄物が出ない。	設置場所が限られる

発電の方法っていっぱいあるんだね。

うん。いろいろな方法で電気はつくられるんだけど，どの方法にもよいところと悪いところがあるんだ。

温室効果ガスは地球温暖化の原因と考えられてるんだよね。

そうなんだ。だから環境に負担をかけないエコな方法がないか研究されているよ。

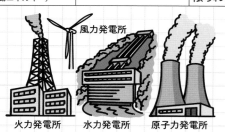

風力発電所

火力発電所　水力発電所　原子力発電所

p.121の check! の答え　❶水星　金星　地球　火星　木星　土星　天王星　海王星　❷岩石　❸黒点　❹銀河系

いろいろな物質

繊維

天然繊維	合成繊維
綿，羊毛など	ポリエステル，ナイロンなど
天然の素材からつくられた繊維。	石油などを原料にして人工的につくられた繊維。

繊維には，自然にもとからある天然繊維と人工的につくられた合成繊維があるんだ。

羊毛のセーターは天然繊維で，ナイロンバッグは合成繊維でできているんだね。

プラスチック　石油などから人工的に合成された物質。

ポリプロピレン（PP）	ポリエチレン（PE）	ポリエチレンテレフタラート（PET）
食器，ペットボトルのふたなど	レジ袋，容器など	ペットボトルなど
・熱や薬品に強い。 ・水に浮く。	・水や薬品に強い。 ・水に浮く。	・透明で圧力に強い。 ・水に沈む。

ポリ塩化ビニル（PVC）	ポリスチレン（PS）
消しゴム，ボールなど	コップなど
・燃えにくい。 ・薬品に強い。 ・水に沈む。	・軽い発泡材料にもなる。 ・水に沈む。

わたしの家にはプラスチックでできたものがたくさんあるよ。

プラスチックといっても，種類によって特徴はさまざまだよ。

特徴によって使い分けされているんだね。

新素材

炭素繊維	形状記憶合金
炭素でできた繊維。	変形させても加熱するともとの形にもどる。

科学技術の発達にともなって，多くの新素材が開発されているんだ。

---

check!　次の問いに答えよう ♥ ♥ ♥　　答えは p.124 だよ。

1 電気ストーブは，電気エネルギーを何エネルギーに変えている？

2 火力発電，水力発電，原子力発電のうち，地球温暖化に最も影響が大きいと考えられているのはどれ？

3 プラスチックのうち，ペットボトルの材料となっている，透明で圧力に強いものを何という？

20 人間と環境

人間もほかの生物と同じように自然の中で生きているよ。
わたしたち人間は，これからどのようにくらしていくべきかな。

人間の活動と自然環境

地球温暖化

温室効果のある気体（二酸化炭素，メタンなど）がふえて地球の気温が上昇する。

外来生物（外来種）

ほかの地域から持ちこまれた生物。昔からいた生物に影響を与える。アライグマ，オオクチバスなど。

温暖化，水や大気の汚染，オゾン層の破壊，外来生物による被害は，人間の活動によって起こったことなんだ。

地球にやさしい生活を心がけないとね。

自然の災害と恵み

火山・地震 プレートの境界でよく起こる。

北アメリカプレート
大陸プレート
太平洋プレート
ユーラシアプレート
フィリピン海プレート
海洋プレート

災害

恵み

例 土砂くずれ，建物の倒壊，津波，溶岩流，火山灰

例 地熱発電，温泉

日本列島は4つのプレートの境目の上にのっているので，火山や地震の災害が多い国なんだ。

火山の噴火はこわいけど…。

でもね，自然は災害をもたらす一方で，恵みも与えてくれるんだ。

温泉卵は好き！

溶岩などの噴出物が災害をもたらすけど，温泉がわくのは火山のおかげだし，きれいな景色は観光資源になるんだ。

p.123の check! の答え ❶ 熱エネルギー ❷ 火力発電 ❸ ポリエチレンテレフタラート（PET）

放射線
ほうしゃせん

放射線の性質

・目に見えない。
・物体を通りぬける性質（透過性）がある。
・原子をイオンにする作用（電離作用）がある。

放射線の種類

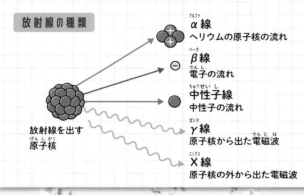

α線
ヘリウムの原子核の流れ

β線
電子の流れ

中性子線
中性子の流れ

放射線を出す
原子核

γ線
原子核から出た電磁波

X線
原子核の外から出た電磁波

放射線は高いエネルギーをもった粒子の流れや電磁波の一種だよ。放射線を受けることを被ばくというんだ。大量の放射線を受けると健康に良くないから注意しようね。

なんか，少しこわい〜。

宇宙からの放射線や食物にふくまれる放射性物質など，日常生活でも少しずつ放射線を受けているから，こわがりすぎる必要はないよ。

環境と資源

再生可能エネルギーとは？

一度利用しても，短期間に再生が可能で，資源が枯渇しないエネルギー

例
・風力エネルギー
・太陽エネルギー
・水力エネルギー
・地熱エネルギー
・バイオマスエネルギー

3R

Reduce
ごみが少なくなるように製造・販売する

Reuse
使用済みのものを捨てずに再使用する。

Recycle
捨てられたものを再利用する。

---

check!

次の問いに答えよう ♥ ♥ ♥

答えはp.126だよ。

1 二酸化炭素などによって，地球の気温が上昇することを何という？

2 放射線は目に見える？　見えない？

3 3Rで，リユース，リサイクルともう1つは何？

Check Test チェックテスト 理科

♥答えと解説は
p.226 を見てね。

第1章　化学変化とイオン　♥復習 p.92-97 ♥

★　次の各問いに答えなさい。

□❶ 次の中から，電解質を1つ選びなさい。

　　　ア エタノール　　イ 塩化ナトリウム　　ウ 砂糖　　　　　[　　　　　]

□❷ 塩酸を電気分解したときの化学反応式で，□にあてはまる数字を書きなさい。

　　　$\square HCl \longrightarrow H_\square + Cl_\square$

□❸ 図はヘリウムの原子の構造を表している。ア〜エにあてはまる語句を書きなさい。

ア[　　　　　　　]
－の電気をもつ

ウ[　　　　　　　]
＋の電気をもつ

イ[　　　　　　　]
＋の電気を帯びている

エ[　　　　　　　]
電気をもたない

□❹ □に数字を入れ，塩化銅の電離を表す化学反応式を完成させなさい。

　　　$CuCl_\square \longrightarrow Cu^{2+} + \square Cl^-$

□❺ 原子が電子を失ってできるイオンを何といいますか。　　　　[　　　　　]

□❻ 次のイオンを表す化学式を書きなさい。

　　　　　　　ナトリウムイオン [　　　　　] 　　銅イオン　[　　　　　]
　　　　　　　水酸化物イオン　 [　　　　　] 　　硫酸イオン [　　　　　]

□❼ 酸性とアルカリ性の水溶液を中和させたときに生じる物質を，次から選びなさい。

　　　ア 水素　　イ 酸素　　ウ 水　　　　　　　　　　　　　[　　　　　]

□❽ 亜鉛，銅，マグネシウムをイオンになりやすい順に左から並べなさい。

　　　　　　　　　　　　　[　　　　] [　　　　] [　　　　]

第2章　生命の連続性　♥復習 p.98-105 ♥

★　次の問いに答えなさい。

□❶ 図は植物細胞が細胞分裂するようすを表している。ア，イにあてはまる語句を書きなさい。

　　　　　　　　　　　　ア [　　　　　] 　　イ [　　　　　]

p.125の check! の答え ❶地球温暖化　❷見えない。　❸リデュース（Reduce）

★ （　）から適するものを選び，記号に○をつけなさい。

□❷ 植物が，分裂したり，茎の一部から新しい個体をつくったりすることを（ア　有性　イ　無性）生殖という。

□❸ 卵や精子は特別な細胞分裂によってつくられる。この細胞分裂を（ア　減数分裂　イ　体細胞分裂）という。

□❹ 受精卵から成体になるまでの過程を（ア　発生　イ　胚）という。

□❺ 親から子へ遺伝する特徴を（ア　性質　イ　形質）という。

□❻ 1つの形質について，対をなしている同時に現れない形質を（ア　対立形質　イ　潜性形質）という。

□❼ 子が親と全く同じ遺伝子をもつのは（ア　有性生殖　イ　無性生殖）である。

□❽ エンドウを使い，遺伝の規則性の実験・研究を行った人物は（ア　メンデル　イ　ガリレイ）である。

□❾ 自然界のつり合いの中で，生物どうしの食べる・食べられるの関係を（ア　生物量ピラミッド　イ　食物連鎖　ウ　生態系）という。

□❿ 有機物を無機物に分解する過程にかかわっている，ミミズや菌類のような生物を（ア　分解者　イ　生産者　ウ　消費者）という。

第3章　運動とエネルギー　　復習 p.106-115♥

★　次の各問いに答えなさい。

□❶ 水中で物体にはたらく上向きの力を何といいますか。　　　　　[　　　　　]

□❷ 物体に力を加えると，物体からも力を受けることを何といいますか。次から選びなさい。
　　ア　作用・反作用の法則　　イ　つり合いの法則　　　　　　　[　　　　　]

□❸ ある区間を一定の速さで物体が動いたと考えたときの速さを何といいますか。次から選びなさい。
　　ア　平均の速さ　　イ　瞬間の速さ　　ウ　一定の速さ　　　　[　　　　　]

□❹ ある物体が5秒間に1m20cm移動しました。このときの速さは何m/sですか。
　　　　　　　　　　　　　　　　　　　　　　　　　　　　　　[　　　　　]

□❺ 次の2つのグラフは，それぞれある物体の運動を表している。
　　等速直線運動を表すのはどちらですか。　　　　　　　　　　[　　　　　]

ア

速さ〔m/s〕

0　時間〔s〕

イ

速さ〔m/s〕

0　時間〔s〕

□ ❻ 外から力を加えないかぎり，静止している物体は静止し続けようとし，運動している物体は等速直線運動を続けようとする。これを何の法則といいますか。

[　　　　　　　]

□ ❼ 物体に力を加え，その力の方向に物体を動かしたとき，何をしたといいますか。次から選びなさい。

　　ア　仕事　　イ　運動　　　　　　　　　　　　　　　　[　　　　　]

□ ❽ 次のア〜ウで，仕事をしているとはいえないのはどれですか。　　[　　　　　]

　　ア　ものを押して動かす。　　イ　バーベルを持ち上げる。　　ウ　バケツを持って横に移動する。

□ ❾ 100 gの物体にはたらく重力の大きさを1 Nとするとき，
　　右の図の仕事は何Jですか。　　　　　　　　[　　　　　]

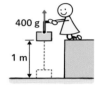

□ ❿ 100 gの物体にはたらく重力の大きさを1 Nとするとき，
　　右の図の仕事は何Jですか。　　　　　　　　[　　　　　]

□ ⓫ 次の仕事率を求める式の，□にあてはまる語句を選びなさい。　　[　　　　　]

$$仕事率〔W〕＝\frac{□〔J〕}{かかった時間〔s〕}$$

　　ア　仕事　　イ　重力　　ウ　動いた距離

□ ⓬ 位置エネルギーと運動エネルギーの和を何といいますか。　[　　　　　]

第4章　地球と宇宙　🟢復習 p.116-121 🟢

★　（　）から適するものを選び，記号に○をつけなさい。
□ ❶ 地球の自転によって起こる太陽の見かけの動きを（ア　年周運動　　イ　日周運動）という。

□ ❷ 太陽や星の動きを表すための見かけの球面を（ア　天球　　イ　地面　　ウ　空面）という。

□ ❸ 下の図で，北半球が夏至になるのは（ア　イ　ウ　エ）である。

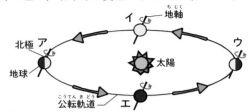

□ ❹ 天球上で，太陽が1年かけて通る道を（ア　青道　　イ　黄道　　ウ　赤道）という。

□ ❺ 太陽の表面で，まわりより温度が低いため黒く見える斑点を（ア　黒点　　イ　コロナ　　ウ　プロミネンス）という。

□ ❻ 火星と木星の間に無数にある小さな天体を（ア　すい星　　イ　小惑星　　ウ　衛星）という。

□ ❼ 太陽のように，みずから光り輝く星を（ア　恒星　　イ　惑星　　ウ　衛星）という。

□ ❽ 太陽系が属する恒星の大集団を（ア　宇宙　　イ　銀河系　　ウ　プロミネンス）という。

第5章　自然・科学技術と人間　▼復習 p.122-125 ▼

★ （　）から適するものを選び，記号に○をつけなさい。

□ ❶ 水力発電では水の（ア　化学エネルギー　　イ　熱エネルギー　　ウ　位置エネルギー）から電気エネルギーをとり出している。

□ ❷ 短期間に再生が可能で資源が枯渇しないエネルギーを（ア　再生可能エネルギー　　イ　電気エネルギー　　ウ　一次電池）という。

□ ❸ 地球温暖化の原因と考えられている気体は，（ア　二酸化炭素　　イ　酸素　　ウ　水素）である。

□ ❹ 放射線のうち，（ア　α線　　イ　β線　　ウ　γ線）は電子の流れである。

□ ❺ プラスチックのうち，レジ袋などに使われている水や薬品に強いものは（ア　ポリプロピレン　　イ　ポリエチレン　　ウ　ポリエチレンテレフタラート　　エ　ポリ塩化ビニル）である。

星座はカレンダー 代わりだった？

星座を最初につくったのは，今から5000年ほど前，メソポタミア（いまのイラク）に住んで農業をしていた人々だといわれているよ。そのころは時計もカレンダーもないので，星の動きから季節を知り，作物の種まきや取り入れの時期を知るのに役立てていたよ。この知識をずっと伝えていくために，目立つ星を線で結び，神々や動物の名前をつけたのが星座のはじまり。星占いの12星座もそのころからあったというから，びっくり！

星座の歴史は5000年！

プラネタリウムへ Let's go!

自然とそっくりの満天の星をドームの天井にうつしだす「プラネタリウム」。最近は星を見るだけでなく，迫力いっぱいの映像やアーティストの音楽とコラボしたイベントも行われる楽しい場所になっているよ。中には，花や植物の香りが流れて，いやし効果のあるプラネタリウムも！ 星のことを知らなくても，ガイドさんがわかりやすく説明してくれるよ。気分転換したいときには，リラックス効果抜群のプラネタリウムがオススメ！

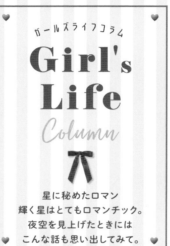

ガールズライフコラム
Girl's Life
Column

星に秘めたロマン
輝く星はとてもロマンチック。
夜空を見上げたときには
こんな話も思い出してみて。

とっても星にくわしくなれる
プラネタリウム！

オリオン座に こめた愛の物語

狩りの名人オリオンは，月の女神アルテミスと恋人どうし。でもアルテミスの兄アポロンはオリオンが嫌いで，2人の仲を裂こうとした。アルテミスは兄にだまされて，オリオンをまちがって弓矢でうち，死なせてしまったんだ。自分の放った矢でオリオンが死んだことを知ったアルテミスはなげき悲しみ，神々の王ゼウスにたのんで，オリオンを夜空の星座にしてもらったというよ。月になって夜空にいるアルテミスから，オリオン座がいつでも見られるように……。

月に祈ると願いがかなう？

月のパワーで， ハッピーにくらそう

月は「新月」から「満月」，そしてまた「新月」と，約1か月で形が変わっていく。この月が持つリズムをうまく使うと，幸せになれるという言い伝えがあるよ。新月の夜に願いごとをすると，月のパワーがはたらいて，満月の日にはかなうそう。願いがかなっていなかったら，その願いは本当の自分の気持ちとは違うから，もう一度見直してみるといいよ。また，復習をするなら，月が満ちていく「上弦の月」の時期に始めると良いらしいよ。

CECIL McBEE

Study Collection

Social Studies

社会の勉強が始まるよ。

1 地理：世界と日本の姿

中1，中2で習った地理の内容を，おさらいするよ。
世界や日本の主な地域の特色を確認してみよう！

ヨーロッパ州

EU 共通通貨ユーロの導入や関税の撤廃。

農業 混合農業や地中海式農業がさかん。

アジア州

東南アジア

東南アジア諸国連合（ＡＳＥＡＮ）を結成。経済的な結び付きを強める。

西アジア

ペルシア湾岸は世界最大の石油の産出地。

中国

人口増加をおさえるため一人っ子政策。漢族（漢民族）と多くの少数民族で構成される多民族国家。経済特区を設置し，外国企業を誘致。

ヨーロッパ州
アジア州
北アメリカ州
アフリカ州
オセアニア州
南アメリカ州

アフリカ州

農業 プランテーションで，カカオ豆や茶の栽培。

鉱業 レアメタル（希少金属）などの鉱産資源が豊富。

オセアニア州

歴史 かつてオーストラリアは白豪主義で有色人種の移民を制限。

鉱業 オーストラリアは石炭や鉄鉱石が豊富。

北アメリカ州

アメリカの農業

適地適作を行い，大型機械を使った企業的な農業がさかん。

アメリカの工業

鉱産資源が豊富。北緯37度以南のサンベルトが工業の中心地。シリコンバレーでは情報通信技術（ＩＣＴ）産業が発達。

南アメリカ州

歩み

かつてブラジルはポルトガル，その他の多くの国々はスペインの植民地だった。

産業

ブラジルはかつてはコーヒー豆や鉄鉱石など一次産品の輸出に頼っていたが，近年は工業化が進んだ。

近畿地方

人口 大阪大都市圏を形成。

工業 大阪府と兵庫県を中心に阪神工業地帯を形成。中小企業の工場が多い。

東北地方

農業 稲作がさかんで，日本の穀倉地帯と呼ばれる。

工業 東北自動車道沿いに電子部品などの工場が多く進出。伝統産業がさかん。

北海道地方

気候 冷帯（亜寒帯）の気候。梅雨がない。

農業 石狩平野で稲作，十勝平野で畑作，根釧台地で酪農。

中国・四国地方

農業 高知平野で促成栽培。

工業 瀬戸内工業地域で石油化学工業がさかん。

関東地方

農業 茨城県や千葉県などで近郊農業。

工業 東京都から神奈川県にかけての東京湾岸に京浜工業地帯が発達。群馬県や栃木県，茨城県などに工業団地が進出し，北関東工業地域を形成。

東京 日本の首都。東京大都市圏が形成され，人口が集中。

北海道地方

東北地方

中部地方

関東地方

中国・四国地方

近畿地方

九州地方

九州地方

農業 シラス台地で畜産など，宮崎平野で促成栽培。

工業 明治時代に八幡製鉄所が建設され，北九州工業地帯（地域）が発達。

中部地方

農業 越後平野で稲作，甲府盆地で果樹栽培，八ヶ岳山ろくの高原野菜の栽培。

工業 愛知県を中心に中京工業地帯，静岡県に東海工業地域を形成。自動車などの機械工業がさかん。北陸地方では地場産業。

2 歴史：人類の出現〜明治時代

中1，中2で習った明治時代までの歴史をざっとおさらいしよう。
また，歴史の大きな流れをつかんでおこう。

人類の出現

猿人→原人→新人へと進化。

古代文明

- エジプト文明
- メソポタミア文明
- インダス文明
- 中国文明

日本の成り立ち

- 縄文時代…狩りや漁，採集の生活。縄文土器，土偶，たて穴住居。
- 弥生時代…稲作が広まる。弥生土器。女王の卑弥呼が邪馬台国を治める。

古墳時代

- 大和地方（奈良県）に大和政権が成立。
- 各地に古墳がつくられる。

前方後円墳

飛鳥時代

- 聖徳太子の政治。
- 冠位十二階の制度
- 十七条の憲法
- 遣隋使の派遣

冠の色で地位が分かるのじゃ

- 中大兄皇子と中臣鎌足らが大化の改新を始める。
- 701年，大宝律令が完成…律令国家の成立。

奈良時代

- 710年，都を平城京に移す。
- 班田収授法…口分田を与え，死ぬと国に返させる。租・調・庸などの税。
- 墾田永年私財法。

仏教の力で国家を守ろう！

聖武天皇

平安時代

- 794年，桓武天皇が都を平安京に移す。
- 藤原氏が摂政，関白として政治を行う（摂関政治）。
- 国風文化が栄える。

藤原氏→
天皇

鎌倉時代

- 源 頼朝が征夷大将軍に。
- 北条氏による執権政治。
- 承久の乱では後鳥羽上皇に勝利。
- 御成敗式目を制定。
- 元寇…元軍が二度にわたって襲来。

元軍

室町時代

- 1338年，足利尊氏が室町幕府を開く。
- 南北朝を足利義満が統一。
- 1467年，応仁の乱⇨下剋上の風潮が広まる。戦国大名が各地に登場。

安土桃山時代

自由に商売できるわ

- 織田信長が長篠の戦いで鉄砲を活用。安土城下で楽市・楽座。
- 豊臣秀吉が太閤検地や刀狩を行う⇨兵農分離。

江戸時代

- 1603年，徳川家康が江戸幕府を開く。
- 第3代将軍徳川家光は，参勤交代を制度化。
- 鎖国の体制が固まる。
- 幕府の主な改革
  - 享保の改革…第8代将軍 徳川吉宗
  - 寛政の改革…老中松平定信
  - 天保の改革…老中水野忠邦

政治と財政を立て直すぞ！

徳川吉宗

- ペリーと日米和親条約を結び，開国する。
- 日米修好通商条約を結ぶ…不平等条約。
- 第15将軍徳川慶喜が大政奉還⇨幕府滅亡。

明治時代

これからは藩ではなく県だ！

うぅっ

藩 県

- 五箇条の御誓文を示す⇨廃藩置県や地租改正を行う。
- 文明開化…西洋の文化が取り入れられ，生活が変化。
- 板垣退助が国会開設を要求⇨自由民権運動の始まり。
- 西南戦争…西郷隆盛中心の最大規模の士族の反乱。
- 1889年，大日本帝国憲法を発布。
- 日清戦争⇨下関条約が結ばれる。
- 日露戦争⇨ポーツマス条約が結ばれる。

3 第一次世界大戦と日本

20世紀前半，ヨーロッパを中心に多くの国々が戦った，第一次世界大戦。
その前後にはどんな動きがあったのか，みてみよう。

第一次世界大戦

ヨーロッパの国々は，三国同盟と三国協商に分かれて対立。

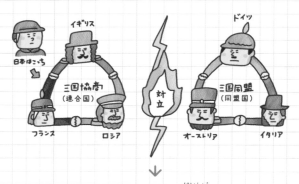

1914年，オーストリアの皇位継承者夫妻がセルビア人に暗殺された事件（サラエボ事件）をきっかけに，第一次世界大戦が始まる。

 POINT!
日本は日英同盟を理由に連合国側で参戦したよ。
さらに大戦中，中国での利権を拡大しようと，
二十一か条の要求を中国に示したんだ。

ロシア革命

第一次世界大戦中の1917年，
ロシア革命が起こる。

 POINT!
レーニンの指導で，世
界で初めて社会主義の
政府が生まれたんだ。

どうしてみんな対立して
たの？

アジアやアフリカなどへ
の植民地の拡大を競い
合っていたからだよ。

サラエボ事件がきっかけ
ってどういうこと？

事件のあとオーストリア
がセルビアに宣戦布告
すると各国が参戦して，
同盟国とセルビア側の
連合国との第一次世界
大戦になったんだ。

ロシア革命ってどうして
起きたの？

食料や燃料の深刻な不
足が続くのに，皇帝が
戦争を続けたからだよ。

それで，革命後はどうな
ったの？

1922年に，ソビエト社
会主義共和国連邦（ソ
連）が成立したよ。

第一次世界大戦の終わり

1918年，同盟国側の降伏で第一次世界大戦が終わる。翌年，パリ講和会議が開かれ，ベルサイユ条約が結ばれる。☆くわしく

ドイツはすべての植民地と領土の一部を失って，軍備縮小や巨額の賠償金を課されたんだ。

〈パリ講和会議〉

ドイツ

ようやく戦争が終わったんだね…。

巨額の賠償金を課すことなどを決めたベルサイユ条約は，ドイツにとても厳しい内容だったんだ。

なんかドイツかわいそうかも…。

国際協調と民主主義の拡大

❶ 1920年，国際連盟発足…世界平和と国際協調を目指す世界初の国際機関。

❷ 1921〜22年，アメリカの呼びかけで軍縮を目指すワシントン会議が開かれる⇨日英同盟解消。

❸ 1919年，ドイツで民主的なワイマール憲法制定。

アジアの民族運動

朝鮮	1919年，三・一独立運動…日本からの独立を求める。
中国	1919年，五・四運動…反日運動から反帝国主義の運動へ発展。
インド	ガンディーの指導でイギリスへの非暴力・不服従の抵抗運動。

民主的なワイマール憲法ってどんな憲法？

男女の普通選挙や労働者の権利などを定めていて，当時，世界で最も民主的な憲法だったよ。

中国の五・四運動ってなんで起こったの？

日本が中国に強引に認めさせた二十一か条の要求の取り消しを，パリ講和会議で拒絶されたからなんだ。

---

check!　次の問いに答えよう ♥ ♥ ♥　　　答えはp.138だよ。

❶ ドイツと連合国が結んだ第一次世界大戦の講和条約を何という？

❷ 1919年に朝鮮で起こった，日本からの独立を求める運動を何という？

4 社会運動と新しい文化

第一次世界大戦が始まる少し前，日本では大正時代が始まるよ。
大正時代の学習は護憲運動から始めよう。

護憲運動と大正デモクラシー

1912年，護憲運動が起こる⇨大正時代を中心に民主主義が強く唱えられる（大正デモクラシー）。

♡ 吉野作造…民本主義を唱える。

護憲運動は，「憲法に基づく政治を守ろう！」という運動だよ。

いろんな運動があるね。民本主義って何？

本格的な政党内閣の成立

① 第一次世界大戦中，日本は好景気に（大戦景気）。
　⇨物価が上がり，人々の生活は苦しくなる。

② 1918年，米騒動が起こる⇨政党内閣が成立。

大正デモクラシーを支えた考え方で，簡単に言うと，「普通選挙を行って政治に民衆の意見を反映させよう！」って主張したんだ。

簡単かな…。

米騒動から本格的な政党内閣の成立まで

シベリア出兵を見こして米が買い占められ，米の値段が急上昇！

↓

富山県で起こった安売りを求める騒動が全国に広がる（米騒動）。

↓

内閣は軍隊を出動させて鎮圧し，退陣。

↓

本格的な政党内閣である，原敬内閣が成立。

米の値段を下げて！

なぜ，日本は大戦景気になったの？

戦場になったヨーロッパからの輸出が止まって，かわりに日本が輸出するようになったからだよ。

シベリア出兵って？

1917年に起きたロシア革命に対して干渉戦争を起こした日本やアメリカなどが，シベリアに大軍を送ったことだよ。

p.137の check! の答え ❶ベルサイユ条約 ❷三・一独立運動

社会運動と普通選挙の実現

社会運動の広がり

労働争議や小作争議がさかんになる。

平塚らいてうら	女性の政治参加などを求める運動を広げる。
被差別部落の人々	全国水平社を結成し，差別からの解放を目指す。

☆くわしく
1923年には関東大震災が起こって，日本経済に大打撃を与えたんだ。

元始，女性は実に太陽であった

キリッ

平塚らいてう

1925年の動き

1. 普通選挙法成立⇨満25歳以上の男子に選挙権。
2. 治安維持法成立⇨共産主義などを取り締まる。

平塚らいてうは，明治時代の終わりに女性だけの青鞜社というグループをつくって，女性解放を唱えてきた女性だよ。

あれ…，普通選挙で満25歳以上の男子ってあるけど女子は？

女性には選挙権は与えられなかったんだ。

大正時代の文化

1. 一般大衆に向けた文化（大衆文化）が発展。
2. 新聞の発行部数が増える。
3. 1925年，東京や大阪でラジオ放送が始まる。

大正時代の主な文学者	志賀直哉
	芥川龍之介
	小林多喜二

芥川龍之介って聞いたことあるかも！　どんな小説を書いたの？

『羅生門』や，『蜘蛛の糸』とか子ども向けの短編小説もあるよ。

そうなんだ！

答えはp.140だよ。

check! 次の問いに答えよう ♥ ♥ ♥

1. 第一次世界大戦中に日本が迎えた好景気を何という？
2. 初の本格的な政党内閣を成立させたのは誰？

5 世界恐慌と日本の中国侵略

世界の多くの国が不景気になる世界恐慌が起こるよ。
各国の動きと，日本が中国との戦争に進む様子をみていこう。

世界恐慌と各国の動き

1929年，アメリカのニューヨークで株価が大暴落。
⇨不景気が世界中に広がって世界恐慌となった。

各国の対応

アメリカ	ニューディール政策
イギリス，フランス	ブロック経済

イタリア，ドイツ…軍事力で領土拡大を目指す独裁的な政治体制のファシズムが台頭。民主主義を否定。

ドイツ
ヒトラー

イタリア
ムッソリーニ

満州事変と国際連盟の脱退

1931年，満州（中国東北部）にいた日本の軍隊が満州事変を起こす⇨翌年，満州国を建国。
⇨1933年，日本は国際連盟を脱退。

★くわしく
国際連盟が満州国を認めず，日本軍の撤兵を勧告したからだよ。

世界恐慌？　なんかホラーみたい…。

おばけは出てこないけど，暗い時代にはなったよ。

不景気が広がってどうなったの？？

多くの銀行や企業が倒産して，仕事を失う人があふれたんだよ。

満州事変って何？

日本軍が南満州鉄道の線路を爆破して始めた軍事行動だよ。

なんでそんなことしたの？

資源が豊かな満州を支配することで，第一次世界大戦後から続いていた不景気を解決しようとしたんだ。

p.139の check! の答え ❶大戦景気 ❷原敬

軍部の台頭

❶ 五・一五事件…1932年，海軍の将校らが犬養毅首相を暗殺⇨政党内閣の時代が終わる。

❷ 二・二六事件…1936年，陸軍の将校らが大臣たちを殺傷。

犬養毅首相

なんか物騒だね……！

軍人らの間で，強力な軍事政権をつくろうという動きが活発になっていたんだ。

このあとどうなるの？

軍人が首相になることが多くなって，軍部は政治的な発言力をますます強めていくよ。

日中戦争

1937年，日中両軍の武力衝突（盧溝橋事件）をきっかけに日中戦争が始まる。

⇨翌年，国家総動員法が制定される。

⚑くわしく
この法律により，政府は，議会の承認なく，国民や物資を戦争に動員できるようになったよ。米や砂糖，衣料などは，配給制や切符制になっていくんだ。

今日の配給はおしまい！

⇨1940年，政党は解散して，新たに結成された大政翼賛会に合流した。

国家総動員法が制定されて，生活必需品より軍需品の生産が優先されるようになったよ。

また戦争か…。大政翼賛会って何？

戦争に協力するための組織だよ。すべての国民が，戦争最優先の国の体制（戦時体制）に組み込まれていくんだ。

---

check!

次の問いに答えよう ♡ ♡ ♡

♥答えはp.142だよ。

❶ ニューディール政策をとった国は？

（1） アメリカ　　（2） イギリス　　（3） フランス

❷ 犬養毅首相が暗殺された事件を何という？

6 第二次世界大戦と日本

2度目の世界規模の戦争が始まるよ。
すでに中国と戦争中の日本が始めた太平洋戦争はどんな戦争だろう。

第二次世界大戦の始まり

1939年，ヒトラー率いるドイツがポーランドに侵攻⇨イギリスとフランスがドイツに宣戦布告。
⇨第二次世界大戦が始まる。

また，世界規模の戦争が始まるの？

うん。第一次世界大戦と同じで，始まりはヨーロッパなんだ。

太平洋戦争の始まりと経過

日本の動き

1940年，日独伊三国同盟を結ぶ。

1941年4月，ソ連と日ソ中立条約を結ぶ。

開戦

1941年12月，日本軍が，イギリス領のマレー半島に上陸し，ハワイの真珠湾にあるアメリカ軍基地を奇襲⇨太平洋戦争が始まる。

経過

1944年，日本本土への空襲が激しくなる。

戦争するしかなかったの？

何とか避けようとアメリカと交渉したけど，まとまらなかったんだ。

空襲って何？

爆撃機による空からの攻撃だよ。軍需工場のほか，都市への無差別爆撃も行われたんだ。

1945年3月，アメリカ軍が沖縄に上陸（沖縄戦）。

この戦争でたくさんの人が亡くなったの？

東京大空襲では約10万人，アメリカ軍が上陸した沖縄では地上での激しい戦闘が行われて，12万人以上の県民が犠牲になったよ。

p.141の check! の答え ❶(1) ❷五・一五事件

戦時下の生活

1. 戦争が長期化し，徴兵を猶予されていた大学生も軍隊に召集(学徒出陣)。
2. 労働力が不足し，中学生や女学生も勤労動員の対象に⇨軍需工場などで働かされた。
3. 空襲を避けるため，都市の小学生は農村に集団で疎開(学童疎開，集団疎開)。

私たちと同じ中学生も働かされたんだ。

そうだね。それに，日本が負けそうになっていることは，国民には秘密にされてて，新聞にものっていなかったんだ。

そうなんだ！ 本当のことが知らされないなんて，こわいね！

日本の降伏（1945年の動き）

1. アメリカによる原子爆弾(原爆)の投下…8月6日に広島，9日に長崎。
2. 8月8日，日ソ中立条約を破り，ソ連が宣戦布告。
3. 8月14日，ポツダム宣言を受け入れ降伏を決める。

▲広島の原爆ドーム

☆くわしく☆
8月15日，昭和天皇がラジオ放送で，日本の降伏を国民に知らせたよ。

広島では20万人以上，長崎では14万人以上の命が奪われたんだ。

戦争は，二度と繰り返しちゃいけないね。ポツダム宣言って何？

アメリカなどが，日本に無条件降伏することを求めて発表した宣言だよ。

---

check!　　次の問いに答えよう ♥ ♥ ♥　　　　答えはp.144だよ。

1. 1940年に日本がドイツ・イタリアと結んだ同盟を何という？
2. アメリカが原子爆弾を投下した都市は，長崎とどこ？

7 日本の民主化と冷戦

敗戦後，占領された日本の様子は？ 世界では平和のための
国際機関がつくられるけど，新たな対立が発生するよ。

敗戦後の日本

日本はアメリカを中心とする連合国軍に占領され，
GHQ の指令で日本の戦後改革が進められた。

非軍事化

POINT!
GHQの最高司令官はアメリカ
のマッカーサーだよ。

1️⃣ 軍隊を解散。
2️⃣ 極東国際軍事裁判（東京裁判）…戦争責任者を裁く。

政治の民主化

1️⃣ 治安維持法の廃止。
2️⃣ 選挙法の改正…満20歳以上
の男女に選挙権。

経済の民主化

1️⃣ 財閥解体…それまで
日本の産業や経済を
支配していた，財閥
が解体させられた。

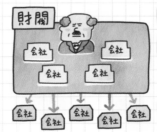

2️⃣ 農地改革…地主がも
つ小作地を，政府が
強制的に買い上げ，
小作人に安く売りわ
たした。
⇨多くの自作農が生
まれた。

自作農に
なったぞ！

GHQって何？

日本占領のために置か
れた連合国軍の機関の
「連合国軍最高司令官総
司令部」の略称だよ。

ついに女子にも選挙権が
来たぁ!!

そうだね。初めての女性
の国会議員も生まれた
んだよ。

財閥って，なんで解体さ
せられたの？

日本の軍国主義を支え
てきたとされたからだよ。

じゃあ，農地改革は何の
ため？

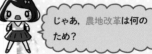
自分の土地をもつ自作
農を増やして地主が農
村を支配する力を弱め，
農村の民主化を進める
ためだよ。

p.143の check! の答え 1️⃣日独伊三国同盟 2️⃣広島

日本国憲法

5月3日って憲法記念日だ☆

❶日本国憲法が制定される。

　⇨1946年11月3日公布，1947年5月3日施行。

❷憲法制定にともない，教育基本法が制定される。

GHQが進めた日本の民主化の中心は，大日本帝国憲法の改正だったんだ。日本国憲法では，国民主権・基本的人権の尊重・平和主義を基本原理としたよ。

国際連合の発足と新たな対立

国連って聞いたことあるよ。前もあったよね？

❶1945年10月，二度の世界大戦への反省から国際連合(国連)が発足。

▲アメリカのニューヨークにある国連本部

★くわしく

世界の平和と安全を維持する機関として安全保障理事会が設けられたよ。

それは国際連盟。今度は国際連合。連合ね！

はい，国際連合ね。で，何で冷戦？また戦争？

❷アメリカ中心の資本主義の西側と，ソ連が率いる共産(社会)主義の東側の対立が始まる。

　⇨冷たい戦争(冷戦)と呼ばれる。

ちがうよ。実際の戦争にはならないけど，なりそうなくらい厳しい対立だったから冷たい戦争(冷戦)なんだ。

アメリカとソ連が？

そう。冷戦の影響で，ドイツは東西に分かれて独立したんだ。

---

check! 次の問いに答えよう ♥ ♥ ♥

答えはp.146だよ。

❶GHQが進めた民主化政策のうち，多くの自作農が生まれた政策を何という？

❷1945年に発足した，世界の平和と安全を維持するための国際機関を何という？

8 世界の多極化と日本の経済成長

冷戦は，東アジアの国々にも影響をおよぼすよ。
まもなく日本は国際社会に復帰する。その後の様子もみていこう。

中国と朝鮮半島

中国の動き

1949年，中華人民共和国（中国）が成立。

朝鮮半島の動き

1948年，南に大韓民国（韓国）と北に朝鮮民主主義
人民共和国（北朝鮮）が成立。

⇨1950年，朝鮮戦争…北朝鮮が韓国に侵攻。

> **POINT!**
> 朝鮮戦争が始まると，日本は経済が好況（特需景気）になったよ。あと，GHQの指令で警察予備隊が設置されたんだ。これは1954年に自衛隊になったよ。

中華人民共和国を成立させた共産党は，ソ連の支援を受けていたよ。

韓国と北朝鮮は，このときまでは1つの国だったの？

そうだよ。日本の植民地だったよね。朝鮮戦争は，アメリカ中心の国連軍が韓国を，中国の義勇軍が北朝鮮を支援して，長期化したんだ。

日本は，朝鮮戦争で景気が良くなったんだね！

特需景気のおかげで，戦後復興が早まったよ。

日本の独立

❶ 1951年，サンフランシスコ平和条約に調印。

⇨翌年，日本は独立を回復。

吉田茂首相
これで独立を回復だ!!

> **POINT!**
> この条約により，アメリカ軍の基地が国内に残されることになったよ。

わ〜い！ ついに独立回復だ〜!!

でも，沖縄や小笠原諸島は，この後もアメリカの統治下に置かれたんだよ。

❷ 平和条約と同時に，日米安全保障条約（日米安保条約）に調印。

⇨1960年に改定をめぐり安保闘争が起こる。

そうなんだ…？

p.145の check! の答え ❶農地改革 ❷国際連合

日本の外交関係の広がりと沖縄

周辺の国々との国交

1956年	日ソ共同宣言	ソ連と国交を回復
1965年	日韓基本条約	韓国と国交を正常化
1972年	日中共同声明	中国と国交を正常化

POINT!
中国とは，1978年に日中平和友好条約を結んだよ

➡1956年，ソ連との国交回復後，日本は国際連合に加盟して国際社会に復帰。

沖縄

ただいまー

1972年，日本に復帰。
➡非核三原則(ひかく)が国の
　方針に。

いろんな国と仲直りしたけど，北朝鮮とは今も国交はないんだ。

やっと，沖縄が日本にもどったんだね〜！

だけど，多くのアメリカ軍の基地は残されたままだったんだ。

非核三原則って何？

核兵器を「持たず，つくらず，持ちこませず」という日本の方針だよ。

日本の高度経済成長

日本経済は，1950年代半ばから急成長(高度経済成長)➡国民生活は便利で快適に。

東京オリンピックの開催だ！

POINT!
1964年には東京で，アジア初のオリンピック・パラリンピックが開催されたよ！

高度経済成長で，テレビ・洗濯機(せんたくき)・冷蔵庫などの家庭電化製品や自動車が普通の家庭にも広まったんだ。

家に冷蔵庫がなかったなんて考えられないな。

1973年に石油の価格が急上昇(きゅうじょうしょう)して石油危機が起こると，高度経済成長は終わったんだ。

---

check! 次の問いに答えよう ♥ ♥ ♥

答えはp.148だよ。

❶ サンフランシスコ平和条約と同時にアメリカと結んだ条約を何という？

❷ 1950年代半ばから約20年間続いた日本経済の急成長を何という？

9 新しい時代の日本と世界

冷戦はどのように終わり，世界はどのように変わるのだろう。
これからの世界と日本の課題についてもみていこう。

冷戦の終結

ソ連の影響下の東ヨーロッパで民主化が進んだ。

1989年	ベルリンの壁崩壊→米ソ首脳が冷戦の終結を宣言
1990年	東西ドイツが統一
1991年	ソ連が解体

ベルリンの壁って何？なんで崩壊なの？

ドイツのベルリンにあった冷戦の象徴とされた壁だよ。市民たちが取りこわしたんだ。

ドイツ市民，頑張ったんだね！

冷戦後の国際社会

❶ 地域統合が進む

⇨1993年，ヨーロッパ連合（EU）が発足。

POINT!
EU内では国境を自由に越えられるんだ。

（アフロ）

▲EU内の共通通貨のユーロ

地域統合ってどういうこと？

特定の地域で，国家の枠を越えて協力しようという動きだよ。

EU内なら，となりの国に気軽に買い物に行けるんだね！

❷ 相次ぐ地域紛争

湾岸戦争（1991年）	イラクによるクウェート侵攻がきっかけで，アメリカ中心の多国籍軍がイラクを攻撃。
アメリカ同時多発テロ（2001年）	イスラム教過激派にハイジャックされた飛行機が高層ビルなどに突入。
イラク戦争（2003年）	アメリカなどがイラクを攻撃。

⇨解決のため，
国連の平和維持活動（PKO）や，
民間の非政府組織（NGO）が活躍。

くわしく
この事件のあと，アメリカはアフガニスタンを攻撃したよ。

地域紛争ってなんで起こるの？

民族・宗教・文化の違いや国家間の対立などが原因だよ。市民を巻き込むテロリズムも発生しているんだ。

p.147の **check!** の答え ❶日米安全保障条約（日米安保条約） ❷高度経済成長

冷戦後の日本と直面する課題

1. バブル経済⇨1991年に崩壊⇨長い不況(ふきょう)に。
   ⇨2008年には世界金融危機で不況に。
2. 少子高齢化(こうれい)の進展⇨2010年代より人口も減少。

子どもの数が減り,高齢者の割合が高まる…!

ズシーン

大ダブだ"!!

「バブル」って泡(あわ)だよね。「あわ経済」ってなに?

実態以上の好景気が「あわ」のようにふくらんだからバブル経済といわれたんだ。

3. 災害の発生

阪神(はんしん)・淡路大震災(あわじだいしんさい) 1995年1月17日	兵庫県南部を震源とする大地震とそれによる災害。 多くのボランティアが復興に協力した。
東日本大震災 2011年3月11日	宮城県沖を震源とする大地震とそれによる災害。 原子力発電所の事故を引き起こした。

日本は災害も多いね。

震災で被害(ひがい)を受けた地域の復興と,今後の災害対策が求められているよ。

これからの世界

1. グローバル化(世界の一体化)や情報化の急速な進展⇨多くの課題は1国では解決できない。
2. 持続可能な社会の実現へ⇨2015年の国連サミットで持続可能な開発目標(しょう)(SDGs(エスディージーズ))を採択(さいたく)。

1国で解決できない多くの課題って,どんなものがあるの?

平和や環境(かんきょう)・食料・感染症(しょう)など,さまざまな課題があるんだ。次のページからの公民分野でも出てくるよ。

了解! 歴史もやってみるとおもしろいかも…。次は公民だね。

check! 次の問いに答えよう ♥ ♥ ♥

♥答えはp.150だよ。

1. ベルリンの壁が崩壊した翌年に統一した国は?
2. 1991年に崩壊した,実態をはなれてふくらんだ好景気を何という?

10 現代社会の特色

私たちが生きる現代社会のこと，どのくらい知ってる？ ここでは，現代社会の特色や，社会の中で生活するための考え方についてみてみるよ。

グローバル化

世界の国・地域の間で，たくさんのもの・お金・人・情報などが国境を越えて行き来し，世界が一体化する動きを，グローバル化という。

☆POINT! グローバル化の影響で，さまざまな文化をもった人々が，互いに尊重し合いながら，ともに生活する多文化共生（社会）の実現が求められているよ。

確かにスーパーとかに行くと，外国から輸入した食べものも，いろいろ売ってるよね♪

各国が得意な商品と不足する商品を貿易で交換し合う，国際分業が進んでいるんだ。

世界との結びつきが強くなってる時代なんだねぇ！

情報化

コンピューターやインターネットなどの情報通信技術（ICT）の発達によって，社会の中で情報が果たす役割が大きくなることを情報化という。

☆POINT! 人工知能（AI）の進化によって，情報化がさらに進んでいるよ

インターネットって，何でも調べられるから超便利♪

インターネットの情報は誤ったものもあるから，注意しないといけないよ〜。

えっ，そうなの？

個人情報の流出にも注意して！ 情報を正しく活用する，情報リテラシーを身につけてね。

p.149の check! の答え ①ドイツ ②バブル経済

少子高齢化

子どもの数が減り，65歳以上の高齢者の割合が高まることを，**少子高齢化**という。

少子化の背景 結婚しない人の増加，育児と仕事の両立が困難なことなどにより，**合計特殊出生率**が低下。

高齢化の背景 医療の進歩，食生活の充実などによる**平均寿命**ののび。

> 長生きできるのはいいよね〜！

> だけど，高齢者を支える世代の数が少ないから，負担が重くなっちゃうんだ。日本では少子高齢化が急速に進んでいるよ。

> そっか…。みんなが安心して長生きできる社会がいいな。

現代社会の中の私たち

- 私たちは，さまざまな社会集団の中で生活している。
- 対立が生まれたときは，話し合いによって**合意**を目指す。
- 対立を防ぐため，さまざまな**決まり（ルール）**をつくる。

対立

合意

> 社会集団って，学校とか，部活とか？

> それだけじゃないよ。家族や，地域社会もそうだよ。

> そっか，家族も小さい社会なの？ じゃ，お姉ちゃんとケンカして「対立」したときは，話し合いで「合意」を目指さなくちゃ。

くわしく
無駄をなくすための**効率**や，特定の人が不当な扱いを受けることがないようにする，**公正**という考え方が大切だよ。

答えはp.152だよ。

check! 次の問いに答えよう ♥ ♥ ♥

1 世界が一体化する動きを何という？

(1) グローバル化 　 (2) ドーナツ化 　 (3) ワールド化

2 現代の社会集団の中で，対立を防ぐために必要とされているものは？

(1) 権力による支配 　 (2) 決まり 　 (3) 暴力

11 人権思想と日本国憲法

ここでは，人権思想の発達や，日本国憲法の成立や基本原理についてみてみよう。

人権思想の発達

ヨーロッパでは，国王などの権力者の支配とたたかう中で人権（基本的人権）が発達し，市民革命や各国の憲法に影響を与えた。

人権思想を確立させた主な思想家たち

ロック（イギリス）　基本的人権を説く
『統治二論』（市民政府二論）

モンテスキュー（フランス）　三権分立を主張
『法の精神』

ルソー（フランス）　人民主権を唱えた
『社会契約論』

人権思想って？

それまでは，国王などの権力者に国民が支配されていたんだけど…

うんうん。

「国民一人ひとりに人間らしく生きる権利がある！」「支配されるんじゃなくて，自分たちで決める権利がある！」って考え方が生まれたんだよ。

日本国憲法の制定

日本国憲法はすべての法の中で最上級の法（国の最高法規）である。

	大日本帝国憲法	日本国憲法
主権をもつのは？	天皇	国民
国民の権利は？	法律の範囲内でのみ認める	永久不可侵の基本的人権を保障

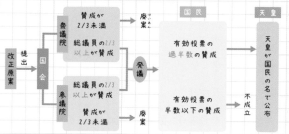

▲憲法改正の手続き

改正原案 → 提出 → 国会
衆議院　賛成が2/3未満 → 廃案
　　　　総議員の2/3以上が賛成
参議院　総議員の2/3以上が賛成
　　　　賛成が2/3未満 → 廃案
→ 発議

国民
有効投票の過半数の賛成
有効投票の半数以下の賛成 → 不成立

天皇
天皇が国民の名で公布

戦前の大日本帝国憲法では，天皇に主権があったんだけど，日本国憲法で国民主権に変わったんだ。

どう違うの？

国の政治を最終的に決める権限を国民がもつようになったってことだよ。

憲法の改正原案って誰が提出できるの？

憲法審査会か国会議員だよ。最終的には国民投票が行われるよ。

p.151の check! の答え ❶(1) ❷(2)

日本国憲法の基本原理

三つの基本原理

国民主権 　基本的人権 　　平和主義
　　　　　の尊重

国の政治の最終決　人権を不可侵・永　世界の恒久平和の
定権（主権）は国民　久の権利として保障　ために努力する。
にある。　　　　　する。

天皇の地位 日本国や日本国民統合の象徴。政治
的権限はもたず，形式的・儀礼的な
国事行為を行う。

平和主義

日本国憲法第9条では，
戦争の放棄，戦力の不
保持，交戦権の否認な
どを定めている。

自衛隊 国土防衛，治安維持，災害派遣などを
行う。

国事行為には，どんなものがあるの？。

内閣総理大臣の任命，最高裁判所長官の任命，国会の召集，憲法改正や法律の公布，栄典の授与などだよ。

平和主義って，戦争をしないってこと？

そうだよ。日本は，核兵器を「持たず，つくらず，持ちこませず」という非核三原則も掲げているんだ。

でも…，もしも他国に攻められたりしたら，どうするの？

日本は国を防衛するために，自衛隊があるよ。アメリカにも，何かあったら共同で対応してもらえるように日米安全保障条約を結んでいるんだ。

---

check! 次の問いに答えよう ♥ ♥ ♥ 　　答えはp.154だよ。

1 日本国憲法では，主権は誰にある？

（1）　天皇　　（2）　国民　　（3）　内閣総理大臣

2 日本国憲法第9条で定められているのは？

（1）　基本的人権　　（2）　天皇の地位　　（3）　戦争の放棄

153

12 基本的人権①

日本国憲法の三つの柱のうちの一つである基本的人権。ここでは，その意味や，詳しい権利の内容についてみてみよう。

基本的人権

> 基本的人権って，つまりどういうこと？

★POINT!
基本的人権の尊重は，「個人の尊重」の考えに基づいている。

・人が生まれながらにしてもっている当然の権利を基本的人権という。

ボクも！　私も！　私も！

> 誰でもみ〜んなが，人間であるかぎりもっている権利だよ。自由だったり，平等だったり，人間らしく生きていくために必要な権利のことだよ。

> 生まれたからには，人間らしく生きたいもんね！

・日本国憲法が保障する基本的人権には，自由権，平等権，社会権，人権を守るための権利（参政権，請求権）がある。

★POINT!
多くの人々の利益（公共の福祉）と個人の権利がぶつかる場合，個人の権利は制限されることがあるよ。

> 日本国憲法は，国民の義務も定めているよ。

> 子どもに普通教育を受けさせる義務って，義務教育のこと？

国民の義務

国民には，3つの義務がある。

> うん。小学校から中学校までの9年間，保護者には，子どもに教育を受けさせる義務があるんだよ。

子どもに普通教育を受けさせる義務

勤労の義務

納税の義務

> 義務教育って，私に勉強する義務があるってことだと思ってた！

> 違うよ。子どもには，教育を受ける権利はあるけど，義務じゃないんだ。

p.153の check! の答え　❶(2)　❷(3)

平等権

差別を受けずに，誰もが平等な扱い（あつか）を受ける権利を平等権という。

問題　被差別部落出身者やアイヌ民族，在日韓国（かんこく）・朝鮮人（ちょうせんじん），男女差別，障がいのある人への差別など。

対策　差別やヘイトスピーチを禁止する法律などを制定。

自由権

国家などから制約を受けず，誰もが自由に行動する権利を自由権という。

身体の自由
奴隷的拘束および（どれい）（こうそく）苦役からの自由など（くえき）

精神の自由
思想・良心・信教・集会・結社・表現・学問の自由

経済活動の自由
居住・移転・職業選択（せんたく）の自由，財産権の保障

精神の自由って，何を考えてもいいってこと？

うん。戦前の日本では，国家にとって都合の悪い考えをもつ人は，逮捕（たいほ）されることもあったよ。

そんなのダメだよね！

今は，例えばどんな宗教を信じてもいいし，どんな学問をしてもいいんだよ。

じゃあ，私は将来スタイリストになりたいから，ファッションの勉強をしようかな！

もちろん，それも自由だよ！　職業選択の自由があるからね。超個性的（ちょう）なファッションを表現するのだって，自由なんだ。

答えはp.156だよ。

check!　次の問いに答えよう ♥ ♥ ♥

❶ 人が生まれながらにしてもっている権利を何という？

(1)　総合的人権　　(2)　基本的人権　　(3)　絶対的人権

❷ 日本国憲法の定める自由権として正しくないものはどれ？

(1)　精神の自由　　(2)　立法の自由　　(3)　経済活動の自由

13 基本的人権②

基本的人権の内容の続きだよ。社会権や，人権を守るための権利，
近年になって主張されるようになった新しい人権についてみてみよう！

社会権

人間らしい生活の保障を求める権利を，社会権
という。

社会権の内容

生存権（憲法第25条）

健康で文化的な最低限度
の生活を営む権利。生存
権に基づいて社会保障制
度が整えられている。

教育を受ける権利

能力に応じて等しく教育を
受ける権利。

勤労の権利

働くことで安定した生活をできるよう
保障されている。

労働基本権（労働三権）

団結権	労働組合を結成する権利。
団体交渉権	労働者が使用者側と労働条件について交渉する権利。
団体行動権（争議権）	労働者がストライキなどの争議行為を行う権利。

社会権は，自由権や平等権よりも後に生まれた権利なんだよ。

へぇ〜，そうなんだ！

19世紀以降，資本主義経済が発達して経済活動が活発になったんだけど，お金持ちと貧しい人との差が広がりすぎちゃったんだ。

それに対して生まれた権利ってこと？

うんっ！ その通り！だから「20世紀の権利」なんていうよ。

あれ？「勤労の権利」っていうのがあるけど，勤労は義務じゃなかったっけ？

そうだよ。働くことは，権利でもあり，義務でもあるんだ。

人権を守るための権利

参政権

選挙権，被選挙権，国民審査（→p.167），憲法改正の国民投票の権利など。

請求権

裁判を受ける権利や，国や地方公共団体から損害を受けた場合にその賠償を求める権利。

新しい人権

環境権	人間らしい生活ができる環境を求める権利。
知る権利	国や地方公共団体などがもつ情報の公開を求める権利。
プライバシーの権利	私生活や個人の情報をみだりに公開されない権利。
自己決定権	自分の生き方などを自由に決定する権利。

参政権って，政治に参加する権利ってこと？

うん。選挙権は満18歳以上のすべての国民に認められているんだ。

被選挙権っていうのは？

選挙に立候補できる権利のことだよ。衆議院議員は満25歳以上，参議院議員は満30歳以上だよ。

新しい人権は，日本国憲法には定められていないんだけど，時代の変化に伴って主張されるようになった権利だよ。

「知る権利」があるなら，好きなアイドルの住所とかも知ることができたりして…♪

それは，プライバシーの権利によって守られている情報だから，ダメだよ～！

---

check! 次の問いに答えよう ♥ ♥ ♥

♥ 答えはp.158だよ。

1 次のうち，社会権はどれ？

(1) 参政権　　(2) 請求権　　(3) 生存権

2 次のうち，新しい人権はどれ？

(1) 知る権利　　(2) 裁判を受ける権利　　(3) 自由権

14 民主政治と選挙・政党

民主政治の意味としくみを知り，日本ではどのように民主政治が
行われているのかをみてみよう！

民主政治とは

ものごとを，みんなの話し合いで決めていこう
とする考え方を民主主義といい，民主主義のも
とで行われる政治を民主政治という。

みんなで話し合うってい
っても，国のことを決め
るのに，国民全員で話し
合ったりはしないよね？

そうだねえ，日本には1
億人以上いるからね。

じゃあどうするの？？

だから選挙があるんだよ！
選挙で代表者を選んで，
代表者が議会で話し合い
をするんだ。間接民主制，
議会制民主主義（代議制）
というんだよ。

日本の選挙制度

選挙の4原則

普通選挙

満18歳以上のす
べての国民が選
挙権をもつ。

秘密選挙

自分の名前は書かなくて
いいの？

無記名で
投票する。

平等選挙

当選させたいから
10枚投票するぞ！

1人が
1票をもつ。

直接選挙

この人に
しよう！！

直接，候補
者に投票
する。

私も18歳になったら，選
挙に行けるんだよね。

そうだよ。最近は，投票
しない人が増えているの
が問題になってるんだ。

投票したら，ちゃんと政
治に反映されるかな？

選挙制度

小選挙区制	一つの選挙区から1人の代表者を選ぶ。
選挙区選挙	一つ，または二つの都道府県を単位とし，1〜6人の代表者を選ぶ。
比例代表制	各政党の得票率（数）に応じて議席を配分する。

くわしく

衆議院議員は，小選挙区制
と比例代表制を組み合わせ
て選出。参議院議員は，選
挙区制と比例代表制で選出
されるよ。

住んでいる場所（選挙区）
によって，一票の価値
（重さ）に格差が生じてし
まう，一票の格差の問題
も指摘されてるんだ。

p.157の check! の答え ❶(3) ❷(1)

政党とは

- 政策について同じ考えをもつ人々が集まって
つくる団体のことを政党という。
- 政権を担当する政党を与党といい，与党以外
の政党を野党という。

☆くわしく☆
野党には，政府や与党を監視・批判する役割があるよ。

○○党！　××党！

どの政党が与党になるか，どうやって決まるの？

ふつう，選挙でより多くの当選者を出して，議席を多く獲得した政党が与党になるんだ。

あれ？　でもさ～，二つくらい与党があったりしない？

複数の政党が協力して政権を担当することもあるよ。連立政権（連立内閣）というんだ。最近の日本は連立政権が続いてるよ。

世論の役割

社会や政治の問題についての国民の意見のまとまりを，世論という。

☆くわしく☆
世論の形成には，新聞やテレビなどのマスメディアが影響力をもっているよ。

マスメディア

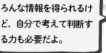

マスメディアからは，いろんな情報を得られるけど，自分で考えて判断する力も必要だよ。

マスメディアの情報がいつも正しいわけじゃないってこと？？

そうだよ。自分で情報の価値を判断したり，正しく活用したりする力をメディアリテラシーっていうんだよ。

　次の問いに答えよう ♥ ♥ ♥

♥ 答えはp.160だよ。

1 1人が一票をもち投票する選挙の原則はどれ？

（1）秘密選挙　　（2）平等選挙　　（3）直接選挙

2 政権を担当する政党はどっち？

（1）野党　　（2）与党

15 国会のしくみと仕事

国会は，民主政治を行うための重要な機関だよ。
国会のしくみや役割についてみていこう！

国会とは

国権の最高機関で，唯一の立法機関。

国会の種類

常会（通常国会）	毎年1月中に召集。会期は150日間。
臨時会（臨時国会）	内閣が必要と認めたとき，またはいずれかの議院の総議員の4分の1以上の要求があった場合に召集。
特別会（特別国会）	衆議院解散後の総選挙の日から30日以内に召集。内閣総理大臣を指名する。
参議院の緊急集会	衆議院の解散中に緊急の議決が必要なとき，内閣の求めによって召集される。

二院制

国会は，衆議院と参議院の二院制（両院制）。

	衆議院	参議院
議員数	465人	※248人
任　期	4年 （解散がある）	6年 （3年ごとに半数を改選）

※2022年の参議院議員選挙から248人となる。

衆議院の優越 衆議院は，法律案・予算の議決，条約の承認，内閣総理大臣の指名，予算の先議権，内閣不信任の決議などで，参議院より強い権限をもつ。

☆くわしく
法律案で，参議院が衆議院と異なる議決をした場合，衆議院が出席議員の3分の2以上の賛成で再び可決すると法律になるなど，衆議院により強い権限が与えられているよ。

国権の最高機関？？

国のことを決めるのにいちばん強い力をもっている機関ってことだよ。

じゃ，立法って何？

法律をつくることだよ。法律は国会でしかつくれないんだ。

そうなんだ～！

どうして二院制にしているの？

審議を慎重にするためだよ。

衆議院のほうが強い権限をもってるのは，どうしてだろ～？

衆議院は，任期の途中で解散して選挙をすることもあるし，任期が短いから，より的確に国民の意思を反映しやすいって考えられているからなんだ。

国会の仕事

(提供　朝日新聞社)

法律の制定，予算の議決，内閣総理大臣の指名，条約の承認，憲法改正の発議，国政調査権，弾劾裁判所の設置など。

いろんなお仕事があるんだね〜！

国会は，選挙で国民に選ばれた代表者(国会議員)たちが集まって議論をする場だからね。

それってなんか，学校の生徒会みたい。

そうそう，似てるよね。新しい法律や，予算，条約などにOKを出すかどうかを，慎重に調べたり話し合ったりして，決める場なんだ。

法律が分布されるまでの流れ

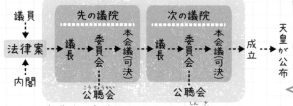

衆議院・参議院のどちらが先に審議してもよい。

★くわしく★
予算案や重要な法律案については，専門家などから意見を聞くための公聴会が開かれるよ。

衆議院と参議院で，同じことを繰り返すの？

うん。本会議は，各議院の総員数の3分の1以上の出席が必要で，そのうちの過半数の賛成で可決。つまり，多数決で決めるってことだね。

そっか。学校でも，席替えの方法とか，文化祭の出し物とか，クラスでよく多数決で決めるよ〜！

check! 次の問いに答えよう ♥ ♥ ♥

答えはp.162だよ。

1 国会は，国で唯一，何をする権限をもっている？

(1) 法律をつくる　　(2) 政治を行う　　(3) 裁判を行う

2 次のうち，国会の仕事でないものはどれ？

(1) 条約の締結　　(2) 法律の制定　　(3) 内閣総理大臣の指名

16 内閣のしくみと仕事

ここでは，政治を行う内閣のしくみや，仕事内容，
主な行政機関についてみてみよう！

内閣とは

閣議 始めるよ〜

・内閣は最高の**行政機関**で，
内閣総理大臣（首相）とそ
の他の**国務大臣**で構成さ
れる。

・内閣総理大臣は国会議員
の中から選ばれる。

☆くわしく
内閣の方針は，閣議を開い
て決めるよ。

行政って……何？？

法律や予算に基づいて
政治を行うことだよ。

内閣総理大臣って誰がや
るの？

与党の党首がやるのが
一般的だよ。

議院内閣制

内閣が国会の信任に基づいて成立し，国会に対し
て連帯責任を負うしくみを議院内閣制という。

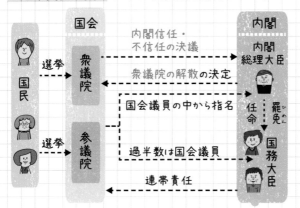

国会

内閣信任・
不信任の決議

衆議院の解散の決定

国会議員の中から指名

過半数は国会議員

連帯責任

内閣

内閣
総理大臣

任命　罷免

国務
大臣

選挙　衆議院

選挙　参議院

国民

☆くわしく
イギリスも議院内閣制をとっ
ているが，アメリカ合衆国
は大統領制をとっている。

「国会の信任に基づいて
成立」って…どういうこ
と〜？？

国会から信頼されて成
り立ってるってことだよ。
もし，「今の内閣の仕事
は信頼できない！」って
衆議院で決まった場合，
内閣は，10日以内に衆
議院を解散するか総辞
職しなければいけない
んだ。

え？　衆議院を解散しち
ゃうの？　なんで？

選挙をして，国民の意思
を問うためだよ。

内閣の仕事

法律の執行

法律に従って政治を進める。

予算の作成

予算を作成し、国会に提出。

条約の締結

国会の承認が必要。

政令の制定

政令とは、内閣が制定する命令。

その他の仕事
- 天皇の国事行為に対する助言と承認。
- 最高裁判所長官の指名とその他の裁判官の任命。
- 臨時会の召集、衆議院解散の決定など。

あれ？「予算の作成」っていうのがあるけど、予算って国会で決めるんじゃなかったっけ？

その通り！　予算案をつくって国会に提出するまでが、内閣の仕事だよ。それをチェックしてOKを出すのが国会の仕事なんだ。

内閣だけで勝手に決めて進めちゃダメってことなんだね。

国の主な行政機関

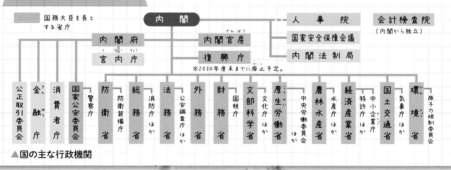

▲国の主な行政機関

---

check! 次の問いに答えよう ♥ ♥ ♥

答えはp.164だよ。

❶ 内閣の仕事の方針を決める会議はどれ？

（1）国会　　（2）委員会　　（3）閣議

❷ 次のうち、内閣の仕事はどれ？

（1）予算の作成　　（2）予算の議決　　（3）予算の公布

17 裁判所のしくみと仕事

法に基づいて，争いごとを解決するのが司法（裁判）だよ。
裁判を行う裁判所の種類やしくみについてみてみよう！

裁判所と裁判官

最高裁判所は司法権の最高機関で
唯一の終審裁判所。

裁判所の種類

最高裁判所	最終的な段階の裁判を扱う。
高等裁判所	主に第二審の裁判を扱う。
地方裁判所	主に第一審の裁判を扱う。
家庭裁判所	家庭事件や少年事件を扱う。
簡易裁判所	軽い事件をすみやかに処理。

（高等裁判所〜簡易裁判所を）下級裁判所という

POINT!
裁判所や裁判官は，公正中立でなければならず，他の権力から圧力や干渉を受けない「司法権の独立」が原則となっているんだ。

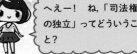
最高裁判所は，全国で1か所（東京都）だけなんだ。

へぇー！　ね，「司法権の独立」ってどういうこと？

裁判官は，憲法と法律にのみ拘束されるんだよ（裁判官の独立）。例えば，病気などの心身の故障や，弾劾裁判所で罷免の宣告をされたとき（公の弾劾），国民審査で不信任となった場合以外には，裁判官をやめさせられることはないんだ。

裁判のしくみ

裁判の判決に不服がある場合，同じ事件について3回まで裁判を受けられる（三審制）。

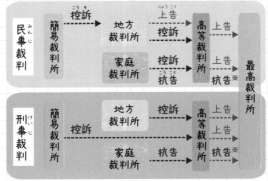

※「決定・命令」に不服を申し立てること。

「控訴」と「上告」ってどう違うの？？

1回目の判決に納得できないときに上級の裁判所に訴えることを「控訴」，さらに上級の裁判所に訴えることを「上告」っていうんだ。

なんで3回も受けられるの？

裁判を慎重に行って，人権を守るためだよ。

p.163の check! の答え ❶(3) ❷(1)

裁判の種類

民事裁判

利害の対立

原告 ⟷ 被告

個人や企業間の利害の対立を裁く。訴えた人を原告といい、訴えられた人を被告という。

刑事裁判

犯罪行為を裁く。起訴された被疑者を被告人という。

裁判っていうと、事件の犯人に「死刑！」とか「懲役○年！」とか、刑を言い渡すイメージだったけど〜。

それは刑事裁判だね。裁判には、民事裁判もあるんだよ。どっちにしても、法に従って判断するってことには変わりないね。

そっか〜！

国民の司法参加

司法を国民にとって身近なものとするために、司法制度改革が行われている。

☆くわしく
国民からくじで選ばれ、裁判官とともに、被告人の有罪、無罪などを決めるよ。

裁判員制度

国民から選ばれた人（裁判員）が、刑事裁判の第一審に参加する制度。

えっ！ 裁判員って、くじで選ばれるの！？

そうだよ。原則として、辞退できないんだ。

じゃあ、私も裁判員になるかもしれないってこと？ドキドキするよ。ちゃんとできるかなあ…。

満20歳になったらね。この制度は、国民の感覚を裁判に反映させるためや、国民の裁判への理解を深めるために導入されたんだ。

---

check! 次の問いに答えよう ♥ ♥ ♥

答えはp.166だよ。

1 第二審の判決を不服として第三審の裁判所に訴えることを何という？

（1） 控訴　　（2） 上告　　（3） 起訴

2 個人の利害の対立などを裁く裁判を何という？

（1） 刑事裁判　　（2） 民事裁判　　（3） 弾劾裁判

18 三権分立

三権分立の目的や，立法権・行政権・司法権の3つの権力の関係はどうなっているかを
みてみよう。

三権分立とは

三権分立は，国の権力を，立法権，行政権，
司法権に分け，それぞれを独立した機関に担
当させること。

立法権 法律を制定する権力。国会がもつ。

行政権 法律を執行する権力。内閣がもつ。

司法権 法律に従って社会秩序を守る権力。
裁判所がもつ。

三権分立の「権」って，
もしかして「権利」の
「権」？

「権力」の「権」でも
あるよ。国の権力が1
つの機関に集中すると
独裁政治になるおそれ
があるので，三権を分
立させてるんだ。

日本の三権分立

国会

 立法権

●内閣総理大臣の指名
●内閣不信任の決議

違憲立法審査

衆議院の解散の決定
国会の召集の決定

選挙

弾劾裁判の実施

国民審査

内閣

世論

国民（主権者）

●最高裁判所長官の指名
●その他の裁判官の任命

裁判所

 司法権

行政権

命令・規則・処分の違憲審査

☆くわしく
弾劾裁判とは，裁判官を裁判することだよ。裁判所のトップで
ある最高裁判所長官は内閣が指名することになっているんだ。

p.165の check! の答え ❶(2) ❷(2)

違憲立法審査権

違憲立法審査権（違憲審査権，法令審査権）…
国会でつくられた法律や，内閣の命令などが
憲法に違反していないかどうかを裁判所が判
断する権限。

☆POINT!
最高裁判所が最終的な決定権をもつよ。そのため，
最高裁判所は，「憲法の番人」と呼ばれているんだ。

国民審査

最高裁判所の裁判官が適任か
どうかを，国民が直接投票で
審査すること。

☆くわしく
国民審査は，衆議院議員総選挙
と同時に行われるよ。

最高裁判所のこと，「憲法の番人」って言うんだ〜！ なんか，かっこいい♪

裁判官の制服が，黒なのは，なぜか知ってる？

う〜ん，あっ，わかった！ 強そうだから？

違うよ。裁判官は，法と自らの良心にのみ従うから，ほかのどんな色にも染まらないことの証として，黒い制服を着てるんだ。

へえ，そうなんだ〜！

主権者である国民は，国会に対しては選挙で，内閣に対しては世論で，裁判所に対しては，この国民審査で，監視できるようになってるんだ。

いろんな角度から，じ〜っとみてるよ〜！って感じなんだね☆

---

check! 次の問いに答えよう ♥ ♥ ♥

▷答えはp.168だよ。

1 立法権をもっている機関はどこ？

（1） 国会　　（2） 内閣　　（3） 裁判所

2 違憲立法審査権をもっている機関はどこ？

（1） 国会　　（2） 内閣　　（3） 裁判所

19 地方自治

身近な政治である地方自治。そのしくみや地方公共団体の財政などについてみてみよう。

地方自治とは

地域の住民が，自らの意思と責任でその地域の政治を自主的に行うことを地方自治という。

地方公共団体

地方自治を行う都道府県や市（区）町村などを地方公共団体（地方自治体）という。

市役所

首長

地方公共団体の行政の最高責任者である，都道府県知事や市（区）町村長のことを首長という。

☆くわしく

首長は条例や予算の案を作成して，地方議会へ提出するよ。条例とは，法律の範囲内で定められる法のこと。その地方公共団体のみに適用されるよ。

地方議会

地方議会には，都道府県議会と市（区）町村議会がある。条例の制定・改正・廃止，予算の議決，決算の承認などを行う。

住民が政治をしていいの？　住民って，近所のおじさんとかおばさんとかでしょ。

地方自治は最も身近な政治参加の機会で，住民は地方自治を通して民主主義を経験することから「民主主義の学校」と呼ばれるよ。

ふーん。でもどうやって参加するの？　うちのパパやママも参加してるの〜？？

一つは，選挙だね。首長や，地域のことを決める地方議会の議員は，住民が選挙で投票して決めるんだ。パパやママも投票してるはず。

そっかぁ〜っ!!

行政の仕事をする人を公務員といい，地方公共団体で働く人を地方公務員，国の機関で働く人を国家公務員というよ。

p.167の check! の答え ❶(1) ❷(3)

地方財政

地方公共団体の歳入（収入） 地方税，地方債，国庫支出金，地方交付税交付金などがある。

国からの支出
（依存財源）
・国庫支出金
（国が使いみちを指定）
・地方交付税交付金
（地方財政の格差を
なくすことが目的）

地方公共団体

地方税
（自主財源）

地方債
（借金の証書）

地方公共団体ってどんな仕事をしてるの？

警察や消防，教育，福祉，土木，建設，上下水道の整備など，地域住民にとって身近な仕事をしているよ。

そうなんだ〜！

公務員のお給料は，地方公共団体の歳入から支払われているんだよ。

地方自治と住民参加

地方自治では，住民に直接請求権や住民投票の権利が保障されている。

直接請求権の種類

請求の種類		必要な署名数
条例の制定・改廃の請求		有権者の50分の1以上
監査請求		
解職請求	首長・議員	有権者の3分の1以上
	その他の役職員	
	解散請求	

★POINT！
地域の重要な問題に住民の意思を反映させるため，条例に基づく住民投票を行う地方公共団体も増えているんだ。

直接請求権って何なの？

例えば，首長や地方議会の仕事に問題があると多くの住民が判断したときには，やめさせたり，解散させたりできるんだ（リコール）。住民の意思をより強く反映するための権利なんだよ。

---

check! 次の問いに答えよう ♥ ♥ ♥

♥答えはp.170だよ。

1 都道府県知事など，地方公共団体の最高責任者のことを何という？

　（1）首相　　（2）議長　　（3）首長

2 首長の解職を請求するために必要な署名数はどっち？

　（1）有権者の3分の1以上　　（2）有権者の50分の1以上

20 家計と消費生活

経済の三つの主体である家計，企業，政府の関係と，家計の収入と支出の種類，消費者の権利と保護についてみてみよう。

経済とは

・もの（財）やサービスの生産，流通，消費を中心とする活動を経済（経済活動）という。

・経済の主体は，家計，企業，政府の三つ。

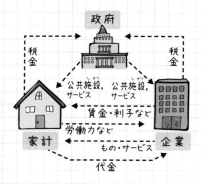

政府

税金　税金

公共施設，サービス　公共施設，サービス

賃金・利子など

労働力など

もの・サービス

代金

家計　企業

サービスって，無料でいろいろしてくれることでしょ？

この場合のサービスは，形のない商品のことだよ。美容院とかカラオケとかもそうだね。

そっか，じゃあもの（財）の方は？

形のある商品だよ。食べ物や服やくつとかだね。

家計の収入と支出

・家庭や個人の収入と支出で成り立つ経済活動を家計という。

・家計の収入（所得）には，給与収入（所得），事業収入（所得），財産収入（所得）がある。

・家計の支出には，食料費や住居費などの消費支出と，税金などの非消費支出，貯蓄がある。

家計の支出って，家族で使うお金のこと？

うん。暮らしていくのに必要なお金のことだよ。食料費や住居費のほかに，教育費だったり，水道費だったり…インターネットを使うための通信費もあるね。

暮らしていくには，いろんなことにお金がかかってるんだね～！

消費者の保護

・消費者を保護するため，クーリング・オフ制度，製造物責任法（PL法），消費者契約法，消費者基本法などを制定。

☆ くわしく

クーリング・オフ制度とは，訪問販売などで商品を買った後，一定期間内であれば，無条件で契約を解除できる制度だよ。

・2009年，消費者庁が発足し，消費者に関わる行政をまとめて行っている。

流通のしくみ

流通とは，商品が生産者から消費者に届くまでの流れをいう。流通にたずさわり，商品を売買する仕事を商業という

卸売業 生産者から商品を仕入れ，小売業者に売る。

小売業 卸売業者から仕入れた商品を消費者に売る。

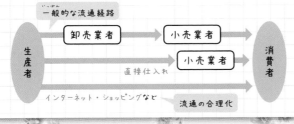

一般的な流通経路

生産者 → 卸売業者 → 小売業者 → 消費者
生産者 → 小売業者 → 消費者
直接仕入れ
生産者 → 消費者
インターネット・ショッピングなど
流通の合理化

昨日ママが訪問販売で買ったコスメが，思ってたのと全然違ったって騒いでたの〜。

クーリング・オフ制度が使えるから，契約を解除できるはずだよ。

よかったあ〜。そういう制度があると，助かるね。

消費者側も自分で身を守るために，契約についての知識を深め，判断力を身につけることが大切だよ。

小売業には，どんなものがあるの？

デパートやスーパーマーケット，コンビニエンスストアなどがあるよ。

生産者から消費者に直接届くこともあるね。

流通を効率よくする「流通の合理化」の例だね。

---

check!　次の問いに答えよう ♥ ♥ ♥　　　答えはp.172だよ。

❶ 家庭や個人の経済活動を何という？

（1）　家計　　（2）　所得　　（3）　消費支出

❷ 訪問販売などで，一定期間内なら契約を解除できるのは？

（1）　クーリング・オフ制度　　（2）　製造物責任法　　（3）　消費者基本法

21 市場経済のはたらき

市場経済のしくみと，価格の決まり方，価格の種類，物価が与える影響をみてみよう。

市場経済とは

商品が売り買いされる場を**市場**といい，市場で自由に商品の売り買いが行われるしくみを**市場経済**という。

市場って，八百屋さんや魚屋さんが集まってるところ？

それは市場！　普通，市場って呼ぶ場合はもっと広い意味で商品が取り引きされる場の全体を指すよ。どこか特定の場所とかではないんだ。

価格の決まり方

市場経済のもとでは，商品の価格（**市場価格**）は，**需要量**と**供給量**の関係で決まる。

需要量が供給量を上回った場合

需要量 ＞ 供給量 ----→ 価格は上がる ----→ 需要量は減る

ほしい！　私も！

モデルおすすめ
限定ワンピ！

高いから買わなくていいや〜

「買いたい！」っていう量が需要量で，「売りたい！」っていう量が供給量なんだね〜！

うん，需要量が供給量を上回ると，価格が上がるんだ。

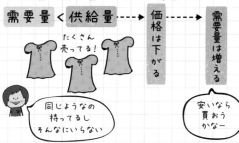

供給量が需要量を上回った場合

需要量 ＜ 供給量 ----→ 価格は下がる ----→ 需要量は増える

たくさん売ってる！

同じようなの持ってるしそんなにいらない

安いなら買おうかなー

大好きなアイドルの超レアなプレミアムグッズなら，高くてもいいから買いたい！

そうそう，それ。世界に一つしかない商品だったら，何百万円出してもいいから買いたいって人もいるかも。そうやって，価格は上がるんだ。

需要量と供給量がつり合ったときの価格を**均衡価格**という。

p.171の check! の答え ❶(1)　❷(1)

特別な価格

独占価格（寡占価格）

一つの企業が独断で，または少数の企業が相談して決める価格。消費者に不利益のないよう，**独占禁止法**で規制されている。独占禁止法は**公正取引委員会**が運用している。

公共料金

電気・ガス・水道・鉄道などの料金。国（国会や政府），地方公共団体が決定・認可している。

公共料金って，何で国会や政府などが料金を決めてるの？

電気やガスって，生活に無くてはならないものでしょ。もしすごく高くなっちゃって利用できなくなったら困るよね。だから，国民がちゃんと生活できるよう，国会や政府などが価格を決めてるんだ。

そうなんだ。公共料金って，ほかにどんなものがあるの？

鉄道やバス，タクシーの運賃や，郵便の料金，公立の学校の授業料などもそうだよ。

物価とインフレーション

物価 いろいろな商品の価格やサービスの料金を総合して平均したもの。

インフレーション（インフレ） 物価が継続的に上がり，お金の価値が下がること。

☆くわしく

反対に，物価が下がり続け，お金の価値が上がることを**デフレーション（デフレ）**というよ！ デフレは不景気のときに起こりやすいよ。

お金の価値が下がるってどういうこと？

例えば100万円あっても牛乳1本しか買えなくなっちゃうとか，そういうことだよ。

そんなの困る〜!!

---

check! 次の問いに答えよう ♥ ♥ ♥

♥ 答えはp.174だよ。

1 需要量と供給量の関係で決まる価格はどれ？

　（1）　独占価格　　（2）　寡占価格　　（3）　市場価格

2 物価が継続的に上がり，お金の価値が下がることを何という？

　（1）　インフレーション　　（2）　デフレーション

22 生産と企業・労働

生産のしくみ，企業の種類と株式会社のしくみ，
労働者の権利と労働環境の変化についてみていこう。

生産のしくみ

生産要素

企業が財（もの）やサービスを生産するには，土地（自然），設備（資本），労働力が必要。

> ☆くわしく
> 知的資源（知的財産）を生産要素に含める場合もあるよ！

企業の種類

企業には，私企業と公企業がある。

| 私企業 | 民間が経営し，利潤（利益）の追求を最大の目的とする。 |
| 公企業 | 国や地方公共団体などが経営し，公共の利益を目的とする。 |

株式会社

私企業の代表的なものが株式会社。株式を発行
して資金を集めている。

株式会社のしくみ

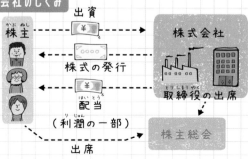

 企業って，パパやママが働いてる会社のこと？

 うん。それに，農家や個人商店などの個人企業もあるよ。ちなみに，企業や個人が利潤を目的に商品を生産・販売するしくみを，資本主義経済っていうよ。

 カブシキガイシャって，聞いたことある〜！　けど，何なの？

会社をつくるには，仕事場をつくったり，社員をやとったりたくさんお金がかかるでしょ？

 よく知らないけど，確かにそうかも。

そこで，その会社にお金を出してくれる人を募集するんだ。

 それで，お金を出してくれる人がいるの？

 もちろん。その人たちを株主といって，利益が出たときに分け前（配当）ももらうんだよ。お金を貸してくれた証拠として発行するのが株式なんだ。

p.173の check! の答え ❶(3)　❷(1)

労働者を守る法律と労働環境の変化

労働三法で労働者の権利を守っている。

労働三法

労働基準法	労働条件の最低基準を規定。
労働組合法	労働組合の結成などを保障。
労働関係調整法	労働者と経営者の対立を調整。

労働環境の変化

・終身雇用と年功序列賃金から，能力主義や成果主義へと変化。

・外国人労働者が増加。

・パートやアルバイト，派遣労働者などの非正規労働者が増加。

終身雇用，年功序列賃金って，何？

就職したら同じ会社で定年までやとってもらえるのが終身雇用，年齢や勤務の年数に応じて給料が上がるのが年功序列賃金だよ。

能力主義，成果主義は？

能力のある人や実績のある人の待遇をよくしていく考えだよ。最近は能力主義や成果主義を導入する企業が増えているんだ。

労働をめぐる問題

・長時間労働による病気や過労死などの増加。

・パートやアルバイト，派遣労働者などの非正規労働者と正規労働者との待遇格差。

・子育てや介護のために離職する人が多い。

私のパパも夜遅く帰ってくるから，ほとんど会話がないよ…。どうすればいいのかな。

仕事と生活を両立させるワーク・ライフ・バランスの実現が重要だね。そのために，長時間労働を規制する法律や待遇格差を解消するための法律，介護や子育てのための休暇を義務づける法律もつくられたよ。

---

check! 次の問いに答えよう ♥ ♥ ♥

答えはp.176だよ。

❶ 株式を発行して成り立っている企業を何という？

(1) 株主会社　　(2) 株式会社　　(3) 有限会社

❷ 労働条件の最低基準などを規定した法律はどれ？

(1) 労働基準法　　(2) 労働組合法　　(3) 労働関係調整法

23 金融のしくみとはたらき

金融の意味と銀行のはたらき，日本銀行の役割，
為替相場の意味と円高・円安の違いをつかもう。

金融と銀行

・資金が不足している人や企業と，余裕のある
　人や企業の間で行われる資金の貸し借り（融通）
　を金融という。

・金融機関…金融を仲立ちする機関。

金融機関ってどういうの
があるの？

代表的なのは，銀行だ
ね。銀行は，個人にも
企業にもお金を貸して
いるんだよ。

銀行のしくみとはたらき

直接金融 企業などが株式や債券を発行し，企業や
家計から直接お金を調達すること。

間接金融 銀行などの金融機関を通して，借り手と
貸し手が間接的にお金をやり取りすること。

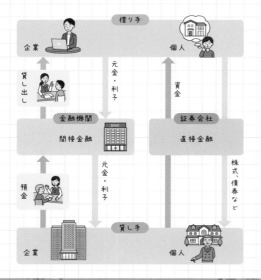

あれ？　私も銀行にお金
を預金してるけど，銀行
って，お金を貯めておく
ところじゃないの？

実は，銀行は，預けられ
たお金を，別の人や企
業へ貸してるんだよ。

え～！　私のお金なのに，
勝手に人に貸しちゃうな
んて，ひどい～！

お，落ち着いて！　その
代わり，銀行は預けたお
金に対して，利子（利息）
をつけて返してくれるん
だ。だから，預けたとき
よりも少しお金が増える
はずだよ。

利子？　何それ？

貸してくれたことに対す
る借り賃みたいなものだ
よ。

p.175の check! の答え ❶(2)　❷(1)

日本銀行

日本銀行は，政府（国）や一般の銀行とだけ取り引きする日本の中央銀行。

日本銀行の役割

発券銀行	紙幣（日本銀行券）を発行。
政府の銀行	国の資金の出し入れを管理し，政府へ資金を貸し出す。
銀行の銀行	一般の銀行へ資金を貸し出したり，資金を預かったりする。

金融政策 日本銀行が行う，通貨量を調整して物価や景気の安定を図るための政策。

為替相場と円高・円安

★ POINT！
為替相場は，毎日変動しているよ。

・外国の通貨との交換比率を為替相場（為替レート）という。

・外国の通貨に対して円の価値が上がることを円高，価値が下がることを円安という。

円高の例

1ドル ＝ 100円
↓ こうなると…
1ドル ＝ 80円

20円も得した！
円の価値が上がった。
→円高になった。

円安の例

1ドル ＝ 100円
↓ こうなると…
1ドル ＝ 120円

20円も損した！
円の価値が下がった。
→円安になった。

日本銀行（日銀）には，ぼくたちはお金を預けたりできないんだよ。

え〜っ，銀行なのに，お金を預けられないの？じゃあ何してるの？

お札を発行したり，国や銀行へお金を貸したりしている，特別な銀行なんだ。

円高とか円安ってどういうこと？

例えば，円とドルを交換するとして，昨日，1ドルを100円で交換できたとしよう。それが，今日は，「1ドルと交換するのに120円必要」って言われたら？

20円も昨日より高くなってるから，円高？

違うよ。逆で覚えておいて。円の価値が高いかどうかなんだ。「今日は100円じゃ1ドルと同じ価値には届かないよ〜」ってことだから，昨日よりも円の価値が低くなってる。だから円安だよ。

---

check! 次の問いに答えよう ♥ ♥ ♥

❶ 日本銀行の役割ではないのはどれ？

（1） 政府の銀行　　（2） 銀行の銀行　　（3） 国民の銀行

❷ 1ドル100円だったのが1ドル80円になったら，円高？　円安？

（1） 円高　　（2） 円安

♥ 答えはp.178だよ。

24 財政のはたらき

国のお金は，どこから収入を得て，どんなことに使われているのか，知ってる？
また，税金の種類についてもみてみよう。

財政の役割

国や地方公共団体の経済
活動を，財政という。

国や地方公共団体の経済活動って何？　お金もうけしてるの？

違うよ。社会に必要な施設などをつくったり，公共サービスなどのためにお金を使ったりしているんだ。

国の歳出と歳入

歳出 支出のこと。社会保障関係費，国債費，地方交付税交付金など。

歳入 収入のこと。税金（租税），公債金（国債）など。

昔と比べて，歳入の公債金っていうのが増えてるみたいだけど，公債費って何？

借金のことだよ。

↓歳入の割合の変化

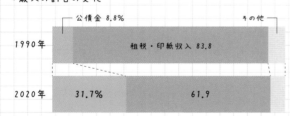

1990年	公債金 8.8%	租税・印紙収入 83.8 その他
2020年	31.7%	61.9

（2020/21年版「日本国勢図会」）

え～っ！　国の収入って，借金をしないと，税金じゃぜんぜん足りないってこと？

↓歳出の割合の変化

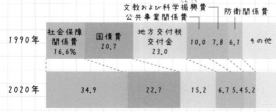

	社会保障関係費	国債費	地方交付税交付金	文教および科学振興費 公共事業関係費	防衛関係費	その他
1990年	16.6%	20.7	23.0	10.0 7.8	6.1	
2020年	34.9	22.7	15.2	6.7 5.4	5.2	

（2020/21年版「日本国勢図会」）

残念ながらそうなんだ…。歳出のところで増えてる社会保障関係費では，高齢者の生活を保障するための費用が増えているんだ。

p.177の check! の答え ❶(3) ❷(1)

税金の種類

国税 国に納める税金。

地方税 都道府県や市（区）町村に納める税金。

直接税 税金を納める人と負担する人が同じ税金。

間接税 税金を納める人と負担する人が異なる税金。

		直接税	間接税
国税		所得税 法人税 相続税 など	消費税 関税 酒税 など
地方税	（都）道府県	（都）道府県民税 事業税	地方消費税 ゴルフ場利用税 （都）道府県たばこ税
	市（区）町村	市（区）町村民税 固定資産税	市（区）町村 たばこ税 入湯税

▲税金の種類

☆くわしく
所得税や相続税では，課税対象の金額が多くなるほど税率を高くする累進課税が導入されている。

> 消費税って間接税なの？

> うん。例えば，お店で商品を買ったら，消費税分のお金を払うのは誰？

> 商品を買ったお客さん！いつも，消費税込みのお金を払ってるもん。

> そうだね！ 実はその後，お店の人がその消費税を国へ納めてるんだ。だから，お金を払って実際に負担をした人と，納税をする人が異なる間接税なんだよ。

景気の変動と財政政策

景気変動 経済活動が活発な時期を好景気（好況）といい，にぶっている時期を不景気（不況）という。

財政政策 国が行う景気の波を調整する政策。

・好景気のとき…公共事業への支出を減らす。増税。

・不景気のとき…公共事業への支出を増やす。減税。

> ずっと好景気をキープするわけにはいかないのかな？

> そうだね。好景気だと，みんなお金をたくさん使ってものを消費するけど，ものの値段が上がっていったり，生産が過剰になったりして…だんだん不景気になっちゃうんだ。

check! 次の問いに答えよう ♥ ♥ ♥　　　♥答えはp.180だよ。

① 次のうち，間接税はどれ？

(1) 所得税　　(2) 相続税　　(3) 消費税

② 現在，国の歳出で最も多いのはどれ？

(1) 国債費　(2) 防衛関係費　(3) 社会保障関係費

25 国民生活の向上と福祉

ここでは，日本の社会保障制度のしくみや，公害問題と環境保全の取り組みについてみてみよう。

日本の社会保障制度のしくみ

国が国民の生活を保障するしくみを，社会保障制度という。

社会保険

医療保険（健康保険），年金保険，雇用保険，介護保険など

公的扶助

生活保護（生活・住宅・教育・医療費などを支給）

社会福祉

障がい者福祉，高齢者福祉，児童福祉，母子福祉など

公衆衛生

感染症予防，下水道整備，公害対策など

 くわしく

日本では，高齢化が進んでおり，社会保障の中でも，年金給付金や医療費が増えているんだ。

 社会保障制度ってどうして必要なのかな？

 病気やけが，失業，それから年をとって働けなくなったとき，収入がぜんぜんなくなっちゃったら困るでしょ？

 うん，生活していけなくなっちゃう。

 そういうときに国が生活を保障してあげるしくみが，社会保障制度なんだ。

 あっ，なんか…そういう最低限度の生活をする権利のことを前に習った気がする。

 そうそう！ 社会権の中に，生存権（日本国憲法第25条）っていうのがあって，「すべて国民は，健康で文化的な最低限度の生活を営む権利を有する。」って定められてるんだ。

 そっかー！あっ，予防注射とかも，国民の健康を守るために必要ってことなんだね。

 そうだね。医療費も医療保険から給付されるよ。

p.179の check! の答え ❶(3) ❷(3)

公害問題と環境を守るための対策

企業の生産活動などが原因で，生活環境や人々の健康が悪化することを公害という。

四大公害病

新潟水俣病
＊新潟県阿賀野川下流域

イタイイタイ病
＊富山県
神通川下流域

四日市ぜんそく
＊三重県四日市市

水俣病
＊八代海沿岸

国は環境省を設置し，環境を守るためのさまざまな法律やしくみを整えている。

公害対策基本法	1967年に制定。公害について企業などの責任を定めた法律。
環境基本法	1993年に制定。国際的な環境問題への対応も含めた法律。
環境アセスメント（環境影響評価）	大規模な開発を行う際に，その影響を事前に調査・予測・評価するしくみ。

循環型社会に向けて

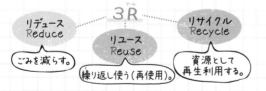

3R（アール）

リデュース Reduce
ごみを減らす。

リユース Reuse
繰り返し使う（再使用）。

リサイクル Recycle
資源として再生利用する。

四大公害病っていつごろ発生したの？

高度経済成長期が中心だよ。1950年代から1960年代にかけてだね。

経済が成長してる中で，そういう問題も発生してたんだね…。

同じことを繰り返さないために，法律ができたり，いろいろな取り組みがされているんだ。

循環型社会って？

リサイクルを進めるなどして，環境への負担を少なくする社会だよ。

大事なことだよね〜！

そうそう。この3Rを心がけてみて〜！

---

check! 次の問いに答えよう ♥ ♥ ♥

答えはp.182だよ。

1 社会保障のうち，健康保険はどれに含まれる？

(1) 社会保険　　(2) 公的扶助　　(3) 社会福祉

2 3Rのうち，「ごみを減らす」のはどれ？

(1) リデュース　　(2) リユース　　(3) リサイクル

26 国際社会のしくみ

国際社会のルールや，国際連合という組織についてみてみよう。
また，EUなどの地域主義の動きについてもチェックしよう。

国際社会のルール

・世界には190以上の<u>主権国家</u>があり，それぞれ，他国から支配されない<u>主権</u>を持っている。

・主権がおよぶ範囲を<u>領域</u>といい，領土・領海・領空からなる。

国の領域

領空
領土
領海
排他的経済水域
公海
12海里以内
200海里

自分の国のエリアがしっかり決まってるってことなんだね〜！

うん。国の領域もそうだし，国際社会には，いろんなルールがあるんだよ。

<u>排他的経済水域</u>って何だっけ？

領海の外側で海岸線から200海里内(約370km)の水域。沿岸国に水産資源や鉱産資源の権利があるよ。

国際連合のしくみと活動

国際連合(国連)は，世界の平和と安全の維持を最大の目的とし，1945年に設立された。

安全保障理事会 国連の主要機関。アメリカ，ロシア，イギリス，フランス，中国の5か国からなる常任理事国と，10の非常任理事国からなる。

UNESCO (国連教育科学文化機関)	世界遺産の保護活動などを行う。
UNICEF (国連児童基金)	発展途上国などの子どもを援助。
WHO (世界保健機関)	感染症の対策や，衛生の向上を目指す。
WTO (世界貿易機関)	自由な貿易を推進する。

▲国連の主な機関

国連平和維持活動 (PKO)

国際連合は，紛争地域に<u>平和維持軍(PKF)</u>を派遣するなどの<u>平和維持活動(PKO)</u>を行っている。

日本は，安全保障理事会の常任理事国に入ってないんだね〜。

うん。入ってないんだ。ちなみに，常任理事国の5か国は，<u>拒否権</u>をもってるんだよ。

拒否権？？？

決めごとをするときに，その5か国のうち1か国でも反対すると，決定できないんだ。

へ〜！ 強い権限をもってるんだね。

p.181の *check!* の答え ❶(1) ❷(1)

地域主義の動き

特定の地域にある国どうしがまとまりを強める地域主義(地域統合)の動きが強まっている。

地域主義の例

ヨーロッパ連合
EU
イーユー
(27か国)

東南アジア諸国連合
(ASEAN)
アセアン
(10か国)
・カンボジア
・ラオス
・ミャンマー

アメリカ・メキシコ・カナダ協定
(USMCA)
ユーエスエムシーエー
(3か国)
・アメリカ
・カナダ
・メキシコ

・タイ
・インドネシア
・シンガポール
・ベトナム
・マレーシア
・フィリピン
・ブルネイ

アジア太平洋経済協力会議
(APEC)
エイペック
(21の国と地域)
・ロシア
・韓国
・日本
・中国
・香港
・台湾
・オーストラリア
・ニュージーランド
・パプアニューギニア
・ペルー
・チリ　　　　など

(2021年)

> 地域主義～？ 聞いたことないな～。

> でも「EU」なら聞いたことあるんじゃない?

> あっ、確かに! なんかそれ、ヨーロッパのイメージがあるよ。

> そうそう。EU(ヨーロッパ連合)は、ヨーロッパの国々が結びついた組織のことで、ユーロっていうEUの国々で導入した共通通貨があるよ。

地域紛争

・冷戦終結後，地域紛争やテロリズム(テロ)が起こっている。
・地域紛争などによって多くの難民が生まれている。

☆くわしく
難民とは、紛争などに巻き込まれて、住んでいた土地から他の国へと逃れている人々のことだよ。

> 難民を助けてあげる方法はないの?

> 国連には、国連難民高等弁務官事務所(UNHCR)っていう組織があって、難民の保護や救済を行っているよ。だけど、なかなか問題は解決しないよね。

> みんなが平和に暮らせる世界になったらいいのにな…。

---

check! 　次の問いに答えよう ♥ ♥ ♥

♥答えはp.184だよ。

1 領域ではないのはどれ?

(1) 領土　　(2) 領空　　(3) 排他的経済水域

2 国際連合の安全保障理事会の常任理事国ではない国はどこ?

(1) アメリカ　　(2) 日本　　(3) 中国

27 国際社会の問題

地球環境問題や資源・エネルギー問題など，
国際社会が協力して取り組むべき問題について，みてみよう。

さまざまな環境問題

地球環境問題は，国境を越えた国際社会の問題
となっており，各国が協力して取り組んでいく
必要がある。

地球温暖化

二酸化炭素などの温室効果ガスにより，地球の平均気温が上昇。

酸性雨

自動車などの排出ガスなどが化学反応を起こして降る，酸性度の高い雨。

オゾン層の破壊

スプレーなどに使われていたフロンガスなどが，地球を取り囲むオゾン層を破壊。

砂漠化

森林の伐採や，放牧のしすぎなどにより，不毛の土地が増加。

☆くわしく

こうした地球環境問題への取り組みとして，1992年には国連環境開発会議（地球サミット）が，1997年には地球温暖化防止京都会議が，2002年には持続可能な開発に関する世界首脳会議が開かれているよ。

地球温暖化が進んだら，いろんな生き物が生きていけなくなっちゃうんでしょ。何とか止めたいよお。

こうした地球規模の問題って，1か国だけで何とかできるレベルの問題じゃないよね。

みんなで協力して何とかしようとしないの？

1997年に京都で開かれた国際会議では，先進国の温室効果ガスの排出削減を義務づける京都議定書が採択されたんだ。

へえ，すごい！その調子～！！

でも，京都議定書は発展途上国に削減義務がないなどの問題があったよ。その京都議定書は期限切れをむかえたから，かわりに2016年にパリ協定が発効し，すべての参加国に削減目標の提出が義務づけられたよ。

p.183の check! の答え ❶(3) ❷(2)

資源やエネルギー

石油などの化石燃料は、限りあるものなので、再生可能エネルギー（自然エネルギー）の利用が進められている。

風力発電
（ピクスタ）

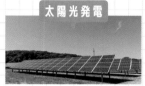
太陽光発電
（ピクスタ）

地熱発電
（ピクスタ）

★くわしく★
日本では、石油や石炭などの化石燃料でエネルギーの多くがまかなわれているのが現状なんだ。

風力発電や太陽光発電は、知ってるよ〜！ もう化石燃料はやめて、全部これにしちゃうわけにはいかないの？

なかなかそうもいかないんだよ〜。発電に多くの費用がかかったり、自然条件に左右されちゃったりするからね。

でも、石油とか石炭はもう限りがあるんでしょ？ 何とかするしかないじゃん〜！！

国際社会の動き

SDGs（持続可能な開発目標） 2015年に国連で採択された17の目標。貧困や飢餓の撲滅、教育の普及などを目指す。

フェアトレード 発展途上国の人々が生産した農作物や製品を適正な価格で購入する。

地球上にあるさまざまな問題に対して、国際社会もがんばってるんだね。

SDGsでは2030年までに目標を達成することを誓っているんだ。

check!

次の問いに答えよう ♥ ♥ ♥

答えはp.186だよ。

1 地球環境問題は次のうちどれ？

（1） 少子高齢化　　（2） 砂漠化　　（3） グローバル化

2 再生可能エネルギーではないものは、次のうちどれ？

（1） 風力発電　　（2） 火力発電　　（3） 太陽光発電

第1章　歴史：二度の世界大戦と日本（大正時代）　♥復習 p.136-139

★　[　　　]内に適する語や数字を入れましょう。

□ ❶ 第一次世界大戦前に，ドイツ，オーストリア，イタリアが結んだ同盟を，[　　　　　]という。

□ ❷ ❶に対抗して，イギリス，フランス，ロシアは [　　　　] を結んだ。

□ ❸ 1914年，オーストリアの皇位継承者夫妻がサラエボでセルビア人に暗殺された事件がきっかけで [　　　　] が始まった。

□ ❹ ❸の戦争中の1917年，ロシアでは [　　　　] が起こった。

□ ❺ ❸の戦争後に結ばれたドイツと連合国の講和条約を，[　　　　] という。

□ ❻ ❸の戦争中の1915年，日本は，中国での利権を拡大しようと，中国政府に対して [　　　　] を示した。

□ ❼ 1919年，中国で，北京で起こった反日運動が，帝国主義に反対する全国的な運動に発展した。これを [　　　　] という。

□ ❽ 1912年，日本で，憲法に基づく政治を守ろうと主張する [　　　　] が起こった。

□ ❾ 1918年，日本で，シベリア出兵を見こして米が買い占められて米の値段が大幅に上がると，米の安売りを求める [　　　　] が全国に広がった。

□ ❿ 1925年，日本で，普通選挙法が成立し，満 [　　　　] 歳以上の男子に選挙権が与えられ，同年，治安維持法が成立した。

第2章　歴史：二度の世界大戦と日本（昭和時代①）　♥復習 p.140-143

★　[　　　]から最も適するものを選び，記号に〇をつけましょう。

□ ❶ 世界恐慌に対して，[ア　ソ連　イ　イギリス　ウ　アメリカ　エ　フランス] は，ニューディール政策を行った。

□ ❷ 1932年に，犬養毅首相が海軍の将校によって暗殺された [ア　二・二六事件　イ　五・一五事件] によって政党内閣の時代が終わった。

□ ❸ 1939年に，[ア　イタリア　イ　フランス　ウ　ソ連　エ　ドイツ] がポーランドに侵攻したことがきっかけで，第二次世界大戦が始まった。

□ ❹ 1945年8月6日，アメリカは，[ア　大阪　イ　広島　ウ　長崎　エ　東京] に原子爆弾を投下した。

★ [　　] 内に適する語を入れましょう。

□ ❺ イタリアやドイツでは，民主主義を否定し，軍事力で領土拡大を目指す独裁的な政治体制である [　　] が台頭した。

□ ❻ 1931年に，日本軍が中国で南満州鉄道の線路を爆破し，それをきっかけに軍事行動を始めたできごとを，[　　] という。

□ ❼ 1937年，北京郊外の盧溝橋での軍事衝突をきっかけに [　　] が始まった。

□ ❽ ❼が長期化する中，戦時体制が整えられ，1938年に [　　] が制定され，政府は，議会の承認なく，国民や物資を戦争に動員できるようになった。

□ ❾ 1940年に，政党や団体のほとんどは解散させられ，新たに結成された戦争に協力するための組織である [　　] に合流した。

□ ❿ 1940年に，日本はドイツ，イタリアと [　　] を結び，結束を強めた。

□ ⓫ 1941年，日本はソ連と [　　] を結び，北方の安全を確保すると，石油やゴムなどの資源の獲得などを目指して，東南アジア南部へ軍を進めた。

□ ⓬ 1945年8月，日本は [　　] を受諾し，無条件降伏することを決めた。

第3章　歴史：現代の日本と私たち（昭和時代②〜令和） ♥復習 p.144-149

★ [　　] 内に適する語を入れましょう。

□ ❶ 第二次世界大戦後，日本は [　　] を最高司令官とする連合国軍最高司令官総司令部（GHQ）の指令に従い，民主化政策を進めた。

□ ❷ 民主化政策の1つとして，地主がもつ小作地を政府が強制的に買い上げ，安く小作人に売りわたす [　　] が行われた。

□ ❸ 1946年11月3日に国民主権，基本的人権の尊重，平和主義の3つを基本原理とした [　　] が公布された。

□ ❹ アメリカ中心の陣営と，ソ連が率いる陣営の厳しい対立を [　　] という。

□ ❺ 1951年，吉田茂内閣は，アメリカなど48か国と [　　] を結び，翌年，日本は独立を回復した。

□ ❻ ❺の条約と同時に [　　] が結ばれた。

□ ❼ 1972年に日本と中国は [　　] を結び，国交を正常化した。

□ ❽ 1950年代後半から1973年まで続いた，日本経済の急成長を，[　　] という。

□ ❾ 1990年に東西 [　　] が統一し，翌年にソ連が解体された。

□ ❿ 1980年代に発生した，株と土地の価格が異常に高くなる好況である [　　] は，1991年に崩壊した。

□ ⓫ 現在の日本では，子どもの数が減り，高齢者の割合が高くなる [　　] が急速に進んでいる。

第4章　公民：現代社会と私たちの暮らし　♥ 復習 p.150-151 ♥

★　[　　　]内に適する語を入れましょう。

□❶ 交通手段や通信技術の発展などによって，大量の人やもの，情報が国境を越えて簡単に移動できるようになり，世界の一体化が進んでいることを，[　　　]という。

□❷ 情報通信技術の発展により，世界中の人々と即時にコミュニケーションを取ったり，大量の情報を発信・共有したりできる [　　　] が進展した。

□❸ 日本では，子どもの数が少なくなり，平均寿命がのびていることで，高齢者の総人口に占める割合が大きくなる [　　　] が進んでいる。

□❹ 社会集団で対立が起きたとき，解決策を求めて話し合って [　　　] をめざす。

第5章　公民：人間の尊重と日本国憲法　♥ 復習 p.152-157 ♥

★　[　　　]内に適する語を入れましょう。

□❶ 人が生まれながらにもっている，侵すことのできない，人間らしく生きることを保障した権利を，[　　　]という。

□❷ ❶は，[　　　] によって，その権利が制限される場合がある。

□❸ すべての人が平等であり，平等な扱いを受ける権利を，[　　　]という。

□❹ 国から制約を受けずに，自由に行動することを保障する権利を，[　　　] という。

□❺ 人間らしい生活を保障をする権利を，[　　　] という。

□❻ 人権を保障するための権利として，国民が政治に参加する権利を [　　　] という。

□❼ 新しい人権のうち，国などがもつさまざまな情報を受け取る権利として [　　　] がある。

第6章　公民：現代の民主政治と社会　♥ 復習 p.158-169 ♥

★　[　　　]内に適する語を入れましょう。

□❶ 日本では，国の代表者を選挙で選び，代表者が議会で話し合ってものごとを決める，[　　　] がとられている。

□❷ 現在の選挙は，普通選挙，平等選挙，[　　　]，秘密選挙の4原則で行われている。

□❸ 政党政治において，政権を担当する政党を，[　　　] という。

□❹ 内閣が国会の信任にもとづいて成立し，国会に対して連帯して責任を負う制度を，[　　　] という。

□❺ 裁判で判決に不服があれば，原則として3回まで裁判を受けられることを，[　　　] という。

□ ❻ 国の権力を，立法・行政・司法に分け，それぞれを独立させていることを，[　　　　] という。

□ ❼ 国から配分される，地方公共団体間の財政格差をうめるための財源を [　　　　] という。

★ [　　　　] から最も適するものを選び，記号に〇をつけましょう。

□ ❽ 国会は，国権の最高機関であり，唯一の [ア　司法　　イ　立法　　ウ　行政] 機関である。

□ ❾ 刑事裁判で，起訴された人は [ア　原告　　イ　被告　　ウ　被疑者　　エ　被告人] という。

□ ❿ 首長の解職請求は有権者の [ア　2分の1　　イ　3分の1　　ウ　4分の1　　エ　5分の1] 以上の署名を，選挙管理委員会に提出することでできる。

第7章　公民：私たちの暮らしと経済
第8章　公民：財政と国民の福祉　♥復習 p.170-181♥

★ [　　　　] 内に適する語を入れましょう。

□ ❶ 家庭の消費生活を営む単位を，[　　　　] という。

□ ❷ 市場経済の下では，商品の価格は，需要量と [　　　　] で決まる。

□ ❸ 株式を発行し，資金を集めて経営する会社を，[　　　　] という。

□ ❹ 労働三法とは，[　　　　]，労働組合法，労働関係調整法である。

□ ❺ 日本銀行の役割には，発券銀行，[　　　　]，銀行の銀行がある。

□ ❻ 所得税は，支払う人と税金を納める人が同じ [　　　　] である。

□ ❼ 社会保障制度には，社会保険，[　　　　]，社会福祉，公衆衛生の4種類がある。

第9章　公民：地球社会と私たち　♥復習 p.182-185♥

★ [　　　　] 内に適する語を入れましょう。

□ ❶ 領域とは，領土，[　　　　]，領空から成り立つ。

□ ❷ 1945年に，世界の平和を維持することなどを目的とした，[　　　　] がつくられた。

□ ❸ 二酸化炭素などの温室効果ガスなどによって，地球の平均気温が高くなることを，[　　　　] という。

Girl's Life
Column

大正〜昭和時代の
おしゃれガールを
ファッションチェック!

大正ロマン風 女子学生ファッション

明治〜大正時代の女子の通学スタイルといえば、袴。和風の中に西洋風のエッセンスが取り入れられた雰囲気がポイントだよ。学校によっては、この頃から洋装の制服も着られていたんだって。

長い髪を下ろすヘアスタイルも登場。髪にリボンを留めるのも人気があったみたい。いつの時代もリボンって女子の定番なんだね!

和風の袴に、あえて西洋風の編み上げブーツを合わせるのが、大正ロマン風のおしゃれ☆

女子がスカートをはく時代が、ついに幕開け!

昭和時代風 モガファッション

昭和になると、着物ではなくてワンピースなどの洋服を着る女子たちが登場! 髪をバッサリ短く切ってショートボブヘアにしたり、帽子をかぶるのもはやったんだって。当時、こういう新しいファッションに身を包んだ女子たちは、「モダンガール」、略して「モガ」って呼ばれたよ。

CECIL McBEE

Study Collection

Japanese

♥

＼国語の勉強が始まるよ。／

1 中1の重要ポイントのまとめ

部首の種類

漢字の部首には、次のような種類がある。

漢字のどの位置にあるかで、分けられるよ。

へん	例	イ(にんべん)、扌(てへん)	つくり	例	頁(おおがい/いちのかい)、阝(おおざと)
かんむり	例	艹(くさかんむり)、⺮(たけかんむり)	あし	例	灬(れんが/れっか)、皿(さら)
たれ	例	广(まだれ)、疒(やまいだれ)	にょう	例	辶(しんにょう/しんにゅう)、廴(えんにょう)
かまえ	例	囗(くにがまえ)、門(もんがまえ/かどがまえ)			

熟語の構成

熟語には、さまざまな漢字の組み合わせの型がある。

似た意味どうし	例 岩石、身体	反対の意味どうし	例 明暗、往復
上が下を修飾	例 濃霧、美人	上が主語で下が述語	例 頭痛、日照
上が動作で下が目的	例 着席、握手	接頭語・接尾語が付く	例 非常、酸性

文の成分

いくつかの文の成分が、組み合わさって文になるよ。

文の成分は全部で5種類。

主語	「何が・誰が」を表す。	例 夢が かなう。
述語	「どうする・どんなだ・何だ」などを表す。	例 髪が 長い。
修飾語	「何を・どんな」など、あとの文節を説明・補足する。	例 私は ブラウスを 着る。
接続語	前後の文や文節をつなぐ。	例 彼がいた。 だから 、声をかけた。
独立語	他の文節と直接かかわらない。	例 ああ 、いい天気だ。

品詞の種類

□□□が自立語、□□□が付属語だったね。

品詞は全部で10種類。

動詞（用言）	述語になる。	例 笑う、読む	形容詞（用言）	述語になる。	例 優しい、寒い
形容動詞（用言）	述語になる。	例 楽だ、静かです	名詞（体言）	主語になる。	例 私、花
副詞	主に用言を修飾。	例 かなり、もし	連体詞	体言を修飾。	例 小さな、ある
接続詞	接続語になる。	例 でも、また	感動詞	独立語になる。	例 ああ、はい
助詞	活用しない。	例 が、で	助動詞	活用する。	例 れる、ようだ

敬語

相手に対する敬意を表す言葉。誰が、誰に対して敬意を表すのかを押さえて使い分けよう。

尊敬語	相手の動作や様子を高めて言う。 例 言う➡おっしゃる　食べる➡召し上がる
謙譲語	自分や身内などの動作をへりくだって言う。 例 言う➡申し上げる　食べる➡いただく
丁寧語	話の聞き手（読み手）に対し丁寧に言う。 例 話す➡話します　生徒だ➡生徒です

活用しない自立語

活用しない自立語は全部で5種類。

名詞	主語になり、人や物事の名前を表す。体言とよばれる。普通名詞、代名詞、固有名詞、数詞、形式名詞の5種類。 例 目、あなた、富士山、一つ、話すこと
副詞	主に用言を修飾し、物事の様子や程度などを表す。状態の副詞、程度の副詞、呼応の副詞の3種類。 例 のんびり、とても、なぜ（〜か）
連体詞	体言を修飾する。「〜の」、「〜な」、「〜る」、「〜た（だ）」の四つの型＋その他。 例 この、大きな、ある、たいした、あらぬ
接続詞	前後の文や文節をつなぐ。順接、逆接、並立・累加、対比・選択、説明・補足、転換などの種類がある。 例 だから、しかし、しかも、あるいは、つまり、さて
感動詞	単独で独立語になる。感動、呼びかけ、応答、あいさつなどの種類がある。 例 まあ、ねえ、うん、おはよう

2 中2の重要ポイントのまとめ

活用する自立語

活用する自立語は動詞・形容詞・形容動詞の3種類。

用言の活用の種類

動詞の活用

言い切りの形はウ段の音。

活用形	五段活用	上一段活用	下一段活用	カ行変格活用	サ行変格活用
基本形	話す	起きる	受ける	来る	する
語幹	はな	お	う	○	○
未然形（ナイ・ウ・ヨウに続く）	さ／そ	き	け	こ	さ／せ／し
連用形（マス・タに続く）	し	き	け	き	し
終止形（言い切る）	す	きる	ける	くる	する
連体形（トキに続く）	す	きる	ける	くる	する
仮定形（バに続く）	せ	きれ	けれ	くれ	すれ
命令形（命令して言い切る）	せ	きろ／きよ	けろ／けよ	こい	しろ／せよ

形容詞の活用

言い切りの形は「い」。

活用形	基本形（寒い）
語幹	さむ
未然形（ウに続く）	かろ
連用形（タ・ナイ・ナルに続く）	う／く／かっ
終止形（言い切る）	い
連体形（トキに続く）	い
仮定形（バに続く）	けれ
命令形（命令して言い切る）	○

形容動詞の活用

言い切りの形は「だ・です」。

活用形	きれいだ	きれいです
語幹	きれい	きれい
未然形（ウに続く）	だろ	でしょ
連用形（タ・ナイ・ナルに続く）	だっ／で／に	でし
終止形（言い切る）	だ	です
連体形（トキに続く）	な	（です）
仮定形（バに続く）	なら	○
命令形（命令して言い切る）	○	○

動詞は5種類、形容動詞は2種類の活用があったね。

○は、その活用形はないということだったね。

194

それのみでは意味が通じない。自立語のあとに付いて文の意味を深める。

助詞	活用しない。前後の関係性を表したり、意味を付け加えたりする。
	格助詞、接続助詞、副助詞、終助詞の4種類。
	例 私の、寒いから、次こそ、行こうよ
助動詞	活用する。主に用言に付いて、意味を付け加えたり、気持ちを表現したりする。
	例 ほめられる、食べさせる、行かない

古文の基礎知識

文中に係りの助詞「ぞ・なむ・や・か・こそ」があると、
文末が連体形か已然形になる。これを係り結びという。

歴史的仮名遣いの読み方
や表記も再確認しよう。

ぞ・なむ	連体形	強調	例 扇は空へぞ上がりける。
や・か	連体形	疑問・反語	例 いずれの山か天に近き。（疑問）
こそ	已然形	強調	例 あやしうこそものぐるほしけれ。

・よそほひ→よそおい

・よろづ→よろず

・やうやう→ようよう

・こゑ（声）→こえ

・まゐる（参る）→まいる

漢文の読み方

漢文は、訓読文や書き下し文に直すと日本語の
文として読める。

白文	もとの漢文。漢字だけで書かれている。
訓読文	白文に訓点（返り点・送り仮名・句読点）を付けたもの。
書き下し文	訓読文を漢字仮名交じりの文に改めたもの。

書き下し文
例
備へ有れば、患ひ無し。

訓読文
例
有レ備無レ患。

白文
例
有備無患

送り仮名
返り点（レ点）
句読点

3 よく出る漢字の書き

テストや入試によく出る、漢字の書き取り問題をチェックしよう！

漢字・熟語の書き取り

すばらしい**エンソウ**。 （演奏）

> 奏の「天」の部分を「天」や「夫」と書かない。

問題の**コンカン**に迫（せま）る。 （根幹）

食べ物を**チョゾウ**する。 （貯蔵）

シュクジを述べる。 （祝辞）

欠席者の宿題を**アズ**かる。 （預かる）

> 「予」を「矛」と書かない。

布を**ソ**める。 （染める）

> 「九」を「丸」と書かない。

卒業を**イワ**う。 （祝う）

マフラーを**ア**む。 （編む）

舞台（ぶたい）の**マク**が開く。 （幕）

> 「募」「暮」「慕」「墓」と間違（まちが）えないこと。

強い**テキ**を倒（たお）す。 （敵）

> 細かい間違いに注意！形の似た漢字にも注意してね。

同音異義語・同訓異字の書き取り

左右**タイショウ**。 （対称）

タイショウ年齢（ねんれい）。 （対象）

タイショウ的な存在。 （対照）

> POINT!
> 同訓異字は、熟語に置き換えて考えてみるのがコツだよ。

税金を**オサ**める。 （納める）

国を**オサ**める。 （治める）

箱に食器を**オサ**める。 （収める）

学問を**オサ**める。 （修める）

> 「ツトめる」を置き換えると、
> 会社にツトめる。 → 出**勤**
> 勉学にツトめる。 → 努**力**
> 生徒会長をツトめる。 → 任**務**
> 熟語にするとわかりやすいね！

よく出る漢字・熟語を覚えよう！

写真に**ウツ**る。
（写る）
隣の席に**ウツ**る。
（移る）
鏡に**ウツ**る姿。
（映る）

理想を**ツイキュウ**
する。　（追求）
真理を**ツイキュウ**
する。　（追究）
犯人を**ツイキュウ**
する。　（追及）

スミやかに下校す
る。　（速やか）
三月の**ナカ**ば。
（半ば）
象の**ム**れの映像。
（群れ）

解答を**ミチビ**く。
（導く）
街灯が道を**テ**らす。
（照らす）
仏像を**オガ**む。
（拝む）

センリャクを立て
る。　（戦略）
ジョウケンがある。
（条件）
メンミツな計画を
立てる。（綿密）

カンケツに話す。
（簡潔）
時間を**タンシュク**
する。（短縮）
飛行機を**ソウジュ
ウ**する。（操縦）

彼の**スガタ**が見え
ない。　（姿）
山の**イタダキ**に立
つ。　（頂）
ヒタイをぶつける。
（額）

---

check! 次の問いに答えよう ♥ ♥ ♥ 　　♥答えはp.198だよ。

❶「**エンソウ**会のマクが開く。」の〰〰線部を漢字にすると？

❷「中学生が**タイショウ**の雑誌。」の〰〰線部を漢字にすると？

4 よく出る漢字の読み

次は、テストや入試によく出る漢字の読みをチェックしよう！
難しい言葉は、意味も確認しようね。

一字の漢字の読み

ビタミンを多く**含む**食品。　　（ふくむ）

穏やかな性格。　　　　　　　（おだやか）

寄付を**募る**。　　　　　　　　（つのる）

家業を**継ぐ**。　　　　　　　　（つぐ）

歴史を**顧みる**。　　　　　　　（かえりみる）← 振り返ること。

英語を**滑らか**に話す。　　　　（なめらか）

先生が生徒を**諭す**。　　　　　（さとす）← 目下の人に言い聞かせること。

> 送り仮名も、しっかり覚えておこう！

熟語の読み

衝撃の真実。　　　　　　　　（しょうげき）

脈絡のない話。　　　　　　　（みゃくらく）← 一貫したつながり。

図書館の本を**閲覧**する。　　　（えつらん）← 調べながら読むこと。

示唆に富んだ意見。　　　　　（しさ）← それとなく知らせること。

生活の**便宜**を図る。　　　　　（べんぎ）← 適切に取り計らうこと。

> 「衝」を「衡」と間違えないで！「宜」も「宣」と形が似ているから気をつけよう。

熟字訓〜特別な読み方の言葉〜

| 土産（みやげ） | 芝生（しばふ） | 風邪（かぜ） | 草履（ぞうり） | 紅葉（もみじ） |
| 名残（なごり） | 息子（むすこ） | 木綿（もめん） | 行方（ゆくえ） | 時雨（しぐれ） |

POINT!
熟字訓とは、漢字本来の音訓の読み方にはないが、熟語単位で、訓読みをあてた、特別な読み方のこと。

p.197の **check!** の答え ❶演奏／幕　❷対象

よく出る漢字の読みを覚えよう！

声などの調子の上げ下げ。

抑揚のない声。
（よくよう）

柔和なまなざし。
（にゅうわ）

手で顔を覆う。
（おおう）

あの子は優しい。
（やさしい）

パン生地をこねる。
（きじ）

重さを均一に分ける。
（きんいつ）

異議を唱える。
（となえる）

岩石を砕く。
（くだく）

テレビで相撲を見る。
（すもう）

叔父と叔母に会う。
（おじ / おば）

意気地がない。
（いくじ）

五月雨の季節。
（さみだれ）

相手の言葉を遮る。
（さえぎる）

空腹を紛らす。
（まぎらす）

check! 次の問いに答えよう ♥ ♥ ♥　　　♥答えは p.200 だよ。

1 「柔和で穏やかな人。」の〰️線部の読み方は？

2 「叔父が旅行先で買った土産。」の〰️線部の読み方は？

品詞の復習

品詞について復習するよ。
それぞれどんな特徴をもっているか、整理して覚えよう。

自立語

それだけで意味がわかり、単独で文節を作れる。

活用する自立語

あとに続く言葉によって、形が変わる。述語を作れる。言い切りの形（終止形）がそれぞれ違う。

活用する自立語の種類

動詞	言い切りの形はウ段の音。	♡例 歌う・食べる
形容詞	言い切りの形は「い」。	♡例 楽しい・甘い
形容動詞	言い切りの形は「だ・です」。	♡例 変だ・透明です

活用しない自立語

あとに続く言葉によって、形が変わらない。主語や修飾語、接続語になるなど、文中でそれぞれ違う役割をもつ。

活用しない自立語の種類

名詞（体言）	主語になる。	♡例 猫・彼女
副詞	主に用言を修飾する。	♡例 とても・どうか
連体詞	体言を修飾する。	♡例 大きな・この
接続詞	接続語になる。	♡例 だから・さて
感動詞	独立語になる。	♡例 まあ・おはよう

☆POINT!
名詞の種類
・普通名詞
・代名詞
・固有名詞
・数詞
・形式名詞

p.199の check! の答え ❶ にゅうわ／おだ ❷ おじ／みやげ

付属語

それだけでは意味がわからず、単独では文節が作れない。自立語のあとに付いて、文の意味を深める。

付属語の種類

助詞	活用しない	格助詞	例 車が走る。
		接続助詞	例 寒いから、家に入ろう。
		副助詞	例 3年も頑張った。
		終助詞	例 一緒に行こうよ。
助動詞	活用する		例 もっと食べられる。／明日は晴れそうだ。

助詞 一字変わるとどうなる？

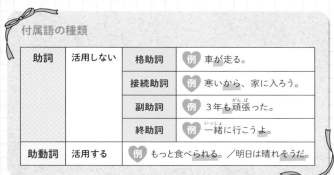

は　私（　　）行く。　も

誰も行かなくても……

友達が行くなら……

助動詞 二つ以上重ねて使うこともできる。

読ま	＋	せる				
読ま	＋	せ	＋	たい		
読ま	＋	せ	＋	たい	＋	そうだ
読ま	＋	せ	＋	たい	＋	そうだ ＋ よ

自立語は、活用するユニットと活用しないユニットに分けられるね。

そうそう。そして付属語は、2種類だけのユニットだよ。

2種類だけでユニットだなんて、付属語は実力派なんだね。

そうだね。意味を付け加えたり、気持ちを表したりと、大活躍なんだ。

---

check! 次の問いに答えよう ♥ ♥ ♥

答えは p.202 だよ。

♥ 次の品詞のうち、自立語で、活用しないものは？

（形容詞、助詞、副詞）

♥ 次の品詞を活用の有無で分けたとき、仲間外れなのは？

（助詞、名詞、形容詞）

6 紛らわしい品詞の識別①

品詞を見分ける問題は、テストや入試によく出るよ。
言い換えたり、言葉を補ったりという、見分け方のコツを覚えよう。

「ある」の識別

動詞	「存在する」に言い換えられる。 例 駅前にファミレスがある。 　　→ファミレスが存在する。
連体詞	「あの」に言い換えられる。 例 ある女の子の物語。 　　→あの女の子の物語。
補助動詞	直前に「て」「で」がある。 例 明日の予定が書いてある。 　　↑動詞「書く」+助詞「て」 すぐ前の動詞とセットで使われているね。

「ある通りに有名なカフェがあると雑誌に書いてある。」
さあ、三つの「ある」を見分けられるかな?

最初の「ある」は「あの」に言い換えられるから連体詞、次は「存在する」の意味の動詞、最後が「て」に続くから補助動詞!

正解! ばっちりだね。

「ない」の識別

形容詞	直前に「は」「が」などの助詞がある。 例 遊ぶ時間がない。
形容詞の一部	「ない」と直前の語を切り離せない。 例 信号無視は危ない。
補助形容詞	直前に「は」「も」を入れられる。 例 彼は優しくない。 　　→彼は優しくない。 　　　　　は
助動詞（打ち消し）	「ぬ」に言い換えられる。 例 遊びに行かない。 　　→遊びに行かぬ。

☆POINT!
形容詞の「ない」は「存在しない」という本来の意味で使われているのに対して、補助形容詞の「ない」は直前の語に否定の意味を添えているよ。

① もうお小遣いが ない。（形容詞）

② この問題は難しく ない。（補助形容詞）

②は直前に「は」を入れられるから、補助形容詞だね。

p.201の check! の答え ❶副詞 ❷形容詞

形容動詞の活用語尾	「だ」に言い換えられる。 例 子供が元気に走る。→元気だ	「な＋名詞」の形にもできるよ。 例 元気な子供。
助動詞「そうだ」「ようだ」の一部	直前に「そう」「よう」がある。「だ」に言い換えられる。 例 楽しそうに笑う。→楽しそうだ　氷のように冷たい。→氷のようだ	
接続助詞「のに」の一部	「のに」を「けれど」に言い換えられる。 例 努力したのに失敗した。→努力したけれど失敗した。	
格助詞	「だ」に言い換えられない。 例 私は学校に着いた。→×私は学校だ。	
副詞の一部	「だ」に言い換えられず、「に」と直前の語を切り離せない。 例 直ちに止めてください。→×直ちだ	

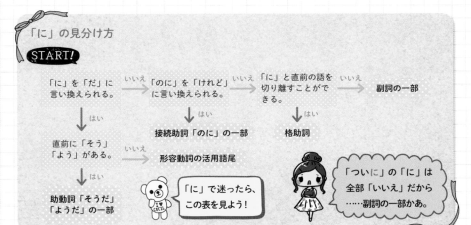

「に」の見分け方

START!

「に」を「だ」に言い換えられる。 → いいえ → 「のに」を「けれど」に言い換えられる。 → いいえ → 「に」と直前の語を切り離すことができる。 → いいえ → 副詞の一部

↓はい

直前に「そう」「よう」がある。 → いいえ → 形容動詞の活用語尾

↓はい

接続助詞「のに」の一部

↓はい

格助詞

↓はい

助動詞「そうだ」「ようだ」の一部

「に」で迷ったら、この表を見よう！

「ついに」の「に」は全部「いいえ」だから……副詞の一部かあ。

---

check! 次の問いに答えよう ♥ ♥ ♥　　　　答えは p.204 だよ。

1 「テレビがある部屋。」の〰〰線部の品詞名は？

2 「あまり眠れない。」の〰〰線部の品詞名は？

7 紛らわしい品詞の識別②

「らしい」「だ」「で」の識別の方法を学ぼう。
品詞は同じでも、意味や使い方の識別を問われることもあるよ。

「らしい」の識別

助動詞（推定）	「どうやら～（の）ようだ」と言い換えられる。 例 転校生は男子らしい。 →どうやら転校生は男子のようだ。
形容詞の一部	「らしい」と直前の語を切り離せない。 例 かわいらしいストラップ。
形容詞の一部 （接尾語）	「～にふさわしい」に言い換えられる。 例 春らしいコーディネート。 →春にふさわしいコーディネート。

この場合、「春らしい」で一つの形容詞だよ。

はあ。今、私、落ち込んでるの……。

どうやらそうらしいね。

あっ、今日はあたらしい雑誌の発売日じゃない！？

……その切り替えの早さ、君らしいね。

赤字の「らしい」は、上から助動詞、形容詞の一部、形容詞の一部（接尾語）だよ。

「だ」の識別

助動詞	断定	「体言（名詞）＋だ」の形になっている。 例 今日は彼女の誕生日だ。
	過去・完了・存続の「た」の濁音化	「動詞の音便形＋だ」の形になっている。 例 放課後に遊んだ。／プールではしゃいだ。
助動詞「そうだ」「ようだ」の一部		直前に「そう」「よう」がある。 例 彼は欠席だそうだ。／雨がやんだようだ。
形容動詞の活用語尾		直前に「とても」を補うことができる。 例 あの子は活発だ。→あの子は活発だ。

とても

☆ POINT!

断定の助動詞と形容動詞の活用語尾は紛らわしいよね。
「とても」を付けられるかどうかで見分けよう。
×とても誕生日だ。
…助動詞（断定）
○とても活発だ。
…形容動詞の活用語尾

形容動詞は、「な＋名詞」の形にもできるよ。
例 活発な女の子。

p.203の check! の答え ❶動詞 ❷助動詞

「で」の識別

形容動詞の活用語尾	「だ」に言い換えられる。 例 彼はまじめで、正直だ。→彼はまじめだ。
断定の助動詞「だ」の連用形	「体言（名詞）＋で」の形になっている。「だ」に言い換えられる。 例 今日は晴れで、明日は雨だ。→今日は晴れだ。
助動詞「そうだ」「ようだ」の一部	直前に「そう」「よう」がある。「だ」に言い換えられる。 例 簡単なようで、難しい。→簡単なようだ。
格助詞	「体言（名詞）＋で」の形になっている。「だ」に言い換えられない。 例 家でくつろぐ。→×家だ
接続助詞「て」の濁音化	「動詞の音便形＋で」の形になっている。「だ」に言い換えられない。 例 友達が呼んでいる。→×友達が呼んだ。

「な＋名詞」の形にもできるよ。
例 まじめな彼。

「呼んだ」にすると過去の話になって、意味が変わってしまうよ。

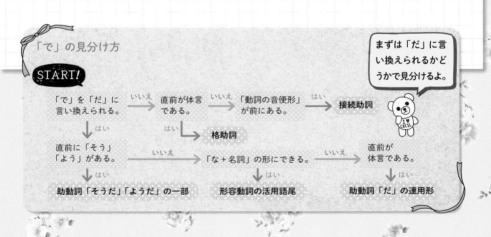

「で」の見分け方

まずは「だ」に言い換えられるかどうかで見分けるよ。

START!

「で」を「だ」に言い換えられる。 → いいえ → 直前が体言である。 → いいえ → 「動詞の音便形」が前にある。 → はい → 接続助詞

直前に「そう」「よう」がある。 ↓はい

直前が体言である。 →はい→ 格助詞

助動詞「そうだ」「ようだ」の一部

「な＋名詞」の形にできる。 →いいえ→ 直前が体言である。

↓はい 形容動詞の活用語尾

↓はい 助動詞「だ」の連用形

---

check! 次の問いに答えよう ♥ ♥ ♥

答えは p.206 だよ。

1 「コンサートは延期らしい。」の〜〜〜線部は、助動詞／形容詞の一部のどちら？

2 「海で泳いでいる。」の〜〜〜線部は、助動詞／接続助詞のどちら？

8 紛らわしい品詞の識別③

「の」や、こそあど言葉の見分け方を確認しよう。
こそあど言葉とは、指示語のことだよ。

「の」の識別

格助詞	部分の主語	「が」に言い換えられる。 例 私の見ているテレビ番組。→私が見ているテレビ番組。
	連体修飾語	体言に挟まれている。 例 心の中をさらけ出す。
	体言の代用	「こと」や「もの」に言い換えられる。 例 怖いのは苦手だ。→怖いこと（もの）は苦手だ。
	並立の関係	「〜の〜の」という形になっている。 例 暑いの寒いのと騒がしい。
終助詞		文末にある。質問や命令の意味を表す。 例 どうしてそう思ったの。
接続助詞の一部		理由を表す「ので」「のに」の一部。 例 運動したので、おなかがすいた。／悲しいのに、涙が出ない。
連体詞の一部		「この」「ほんの」など「〜の」型の一部。 例 この子は弟の友達だ。／ほんの一部にすぎない。

連体詞「この・その・あの・どの」のような、物事を指し示す働きをする言葉を「こそあど言葉」というよ。
こそあど言葉には、ほかにもいろいろな品詞があるから、右のページを見て覚えてね。

POINT!
連体修飾語になる格助詞か、連体詞の一部かは、「の」と直前の語を切り離せるかどうかで見分けられるよ。
○私/の/本…格助詞
×こ/の/本…連体詞の一部

p.205の check! の答え ❶助動詞 ❷接続助詞

こそあど言葉（指示語）の品詞の種類を知ろう。

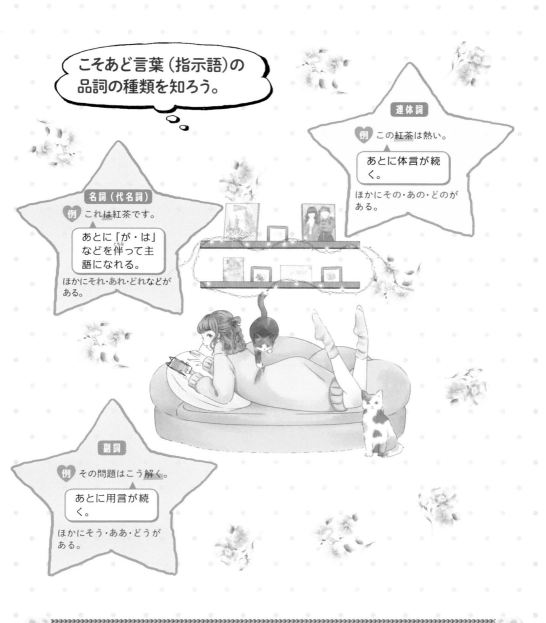

連体詞

例 この紅茶は熱い。

あとに体言が続く。

ほかにその・あの・どのがある。

名詞（代名詞）

例 これは紅茶です。

あとに「が・は」などを伴って主語になれる。

ほかにそれ・あれ・どれなどがある。

副詞

例 その問題はこう解く。

あとに用言が続く。

ほかにそう・ああ・どうがある。

check! 次の問いに答えよう ♥ ♥ ♥　　　　♥ 答えはp.208だよ。

❶「その雑誌を買うの。」の〜〜〜線部は、終助詞／格助詞のどちら？

❷「あの方は国語の先生です。」の〜〜〜線部は、副詞／連体詞のどちら？

9 和歌・古典俳句

昔の人も、さまざまな思いを込めて歌を作ったよ。
言葉の響きやリズムを味わいながら、思いを感じよう。

和歌

☆POINT!
句ごとの呼び方を覚えよう！
初句 二句 三句 四句 五句
五 / 七 / 五 / 七 / 七

伝統的な短型詩。

形式

短 歌	五・七・五・七・七
長 歌	五・七・五・七・…・五・七・七
旋頭歌	五・七・七・五・七・七
仏足石歌体	五・七・五・七・七・七

一首の中で、意味が切れる部分を「句切れ」というよ。

表現技法

枕詞	ある特定の言葉を導く五音の決まった言葉。 例 あしひきの→山・峰
序詞	ある言葉や句を導くための六音以上の言葉。 枕詞と違い、作者が自由に創作する。
掛詞	一つの言葉に同音の複数の言葉の意味をもたせる技法。
縁語	一首の中に関係の深い言葉を意識的に詠み込む技法。 例 玉の緒よ絶えなば絶えねながらへば忍ぶることの弱りもぞする 「絶え（＝切れる）」「ながらへ（＝長く続く）」 「弱り」は、「緒（＝ひも）」の縁語。
本歌取り	昔の有名な和歌の一部を取り入れる技法。

例えば？

「人はいさ 心も知らず //
ふるさとは 花ぞ昔の香に
にほひける」（紀貫之）

// で表したように二句目で意味が切れるから、これは二句切れ。句切れがないときは「句切れなし」というよ。

万葉集

あかねさす
※／／は句切れ
※□は枕詞

紫野行き
標野行き
野守は見ずや
君が袖振る

野守

額田王

訳 紫草の生えている野原を行き、御料地の野を行きながら、番人に見られてしまうのではないでしょうか。あなたが私に袖を振るのを。

四句切れ

古今和歌集

花の色は移りにけりな／／
いたづらに 我が身世にふる
ながめせし間に

（長雨＆眺め）
（降る＆経る）

小野小町

※／／は句切れ
※□は掛詞
二句切れ

訳 桜も春の長雨で色あせてしまった。私も同じように物思いにふけっている間に年を取ってしまった。

三大和歌集って何？

・万葉集（奈良時代）
・古今和歌集（平安時代）
・新古今和歌集（鎌倉時代）

p.207の check! の答え ❶終助詞 ❷連体詞

古典俳句

江戸時代（えど）に俳諧（はいかい）の発句（ほっく）（初めの五七五）が独立して作られるようになったもの。

表現の特徴（とくちょう）

・切れ字…句の途中（とちゅう）や句末に付いて、句を切る働きをする。感動や強調を示す。
・季語…季節を表す言葉（よ）で、基本的に俳句には一つ詠み込まれる。

三大俳人

三大俳人	特徴	代表作
松尾芭蕉（まつおばしょう）	上品で風流（ふうりゅう）。「蕉風（しょうふう）」とよばれる。	おくのほそ道（みち）
与謝蕪村（よさぶそん）	絵画的。	新花摘（しんはなつみ）
小林一茶（こばやしいっさ）	庶民的（しょみんてき）。	おらが春（はる）

古池（こいけ）や蛙飛（かわず）びこむ水の音
松尾芭蕉（まつおばしょう）

季語 蛙（春）
訳 古池（いっしゅん）に突然蛙（とつぜんかえる）が飛び込み、水音（みずおと）で一瞬静けさを破（やぶ）ったが、またぐもとの静けさに戻（もど）った。

※○は切れ字。

〈川柳〉（せんりゅう）

俳句と同じ五・七・五の十七音で構成。ユーモア・風刺（ふうし）が内容の中心。季語はなくてもよい。

例 逃（に）へば立て立てば歩（あゆ）めの親心

★季語の例★

春（今の2～4月）
残雪・梅・桜
椿（つばき）・夏近し

夏（今の5～7月）
紫陽花（あじさい）・金魚・蛍（ほたる）
梅雨（つゆ）・田植（たうえ）

秋（今の8～10月）
菊（きく）・きりぎりす・月見
七夕（たなばた）・西瓜（すいくわ）

冬（今の11～1月）
うさぎ・霜（しも）・木枯（こがらし）
ふとん・落葉

「朝顔」はいつの季語だと思う？

もちろん夏!!

秋でしたー!!

昔の季節は、今と約1か月ずれているんだって！

答えはp.210だよ。

check! 次の問いに答えよう ♥ ♥ ♥

1 三大和歌集をすべて答えよう！

2 俳句に基本的に一つ詠み込まれるものは？

10 漢文

漢文の読み方や、漢詩について整理して覚えよう。

漢文の読み方

訓点

白文（もとの漢文）を日本語の文として読むために付ける、返り点、送り仮名、句読点のこと。訓点を付けた文を訓読文という。

返り点の種類	
①レ点	レの一字下から、すぐ上に戻る。
②一・二点	一の付いた字までを先に読み、二の付いた字に戻る。
③上・下点	一・二の付いた字を挟んで、さらに上の付いた字から下の付いた字に戻る。

例

③有レ朋自二遠方一来レタル
（朋遠方より来たる有り）

②在二山河一。
（山河在り）

①読レ書。ヲ
（書を読む。）

書き下し文

訓点に従って、訓読文を日本語の語順で漢字仮名交じり文に書き直したもの。

①付属語（助詞・助動詞）にあたる漢字や送り仮名は平仮名で書く。
・助詞……例 之（の）、与（と）など。
・助動詞…例 不（ず）、也（なり）など。

> 送り仮名は、歴史的仮名遣いのまま平仮名にするよ。

②訓読するときに読まない「置き字」は、書き下し文に書かない。
例 而、於、乎など。

例

①歳月不レ待レタ人。ツ
↓歳月人を待たず。
「助動詞『不（ず）』」

②三十而立。ツ
↓三十にして立つ。
「置き字」

> 書き下し文に直すときには、付属語の漢字や置き字をそのまま書かないように注意してね。

> 付属語は、平仮名に直すんだよね。置き字は書かなくていいんだよね。ややこしいなあ。

> よく出る置き字は、「而」と「於」だね。この二つの字は読まない（書かない）と覚えておこう。

p.209の check! の答え ①万葉集・古今和歌集・新古今和歌集 ②季語

漢詩の特徴

漢詩の形式

漢詩は、形式ごとに文字数や句の数が
決まっている。

- **絶句**…四句（四行）の詩。
  - ・一句が五字…**五言絶句**
  - ・一句が七字…**七言絶句**
- **律詩**…八句（八行）の詩。
  - ・一句が五字…**五言律詩**
  - ・一句が七字…**七言律詩**

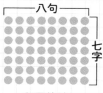

五言絶句　　　　七言律詩

縦の文字数で五言か七言かが、
横の行数で絶句か律詩かがわかるよ。

漢詩の構成

起承転結	絶句の四つの句の組み立て。①起句➡②承句➡③転句➡④結句
押韻	偶数句末など、決まった位置に同じ韻（同じ響きの音）の字を置くこと。
対句	意味や組み立てがつり合った二つの句を並べること。

対句

④ ③ ② ①　絶句

何 今 山 江　杜
日 春 青 碧　甫
是 看 花 鳥　とほ
帰 又 欲 逾
年 過 然 白

押韻

右上の『絶句』では、「然」と
「年」が押韻になっている
よ。

そうそう。押韻は、詩のリズ
ムを整えるのが目的なんだ
よ。ラップと同じだよね。

決まった位置に決まった音っ
て、なんだか音楽のラップみ
たいだね。

わ〜。ちょっと漢詩に親近感
がわいてきたかも！

---

check!　次の問いに答えよう ♥ ♥ ♥

♥答えはp.212だよ。

1 もとの漢文にあっても、訓読するときには読まない字を何という？

2 「七言絶句」の一句は何字？　また、全部で何句？

11 文学史

覚えておきたい古典文学を、分野ごとに整理したよ。しっかり暗記しよう!

代表的な古典文学

和歌集…次の三つの歌集は、三大和歌集とよばれる。

万葉集	奈良時代後期	現存する最古の和歌集。
古今和歌集	平安時代前期	最初の勅撰和歌集。※
新古今和歌集	鎌倉時代前期	8番目の勅撰和歌集。

※「勅撰」……天皇の命令で作ること。

POINT!

三大和歌集の歌風（歌の傾向）

万葉集	ますらをぶり 素朴で力強い。
古今和歌集	たをやめぶり 知的で優美。
新古今和歌集	幽玄 奥深い味わい。

物語…成立時期と、簡単な内容を覚えておこう。

竹取物語	平安時代前期	かぐや姫の物語。現存する日本最古の物語。
源氏物語	平安時代中期	作者は紫式部。光源氏の恋模様を中心に描いた長編物語。
平家物語	鎌倉時代前期〜中期	源氏と平家の戦いや、平家の興亡にまつわる軍記物語。

随筆…作者の体験や思想が自由に書かれる。作者と冒頭を覚えよう。

枕草子	平安時代中期	作者は清少納言。「をかし」の文学。
徒然草	鎌倉時代末期	作者は兼好法師。仏教の無常観が反映されている。

紀行文…旅先での出来事や思いを描く。

土佐日記	平安時代前期	作者は紀貫之。日記文学の先駆け。
おくのほそ道	江戸時代前期	作者は松尾芭蕉。俳諧紀行文。

> 紀貫之は、女性のふりをして、平仮名でこの日記を書いたよ。当時日記は、男性が漢文で書くものだったんだ。

ほかにもあるよ！ 古典文学

史書
古事記（こじき）
奈良時代初期。神話や伝説を含む、日本最古の歴史書。

歌物語
伊勢物語（いせものがたり）
平安時代前期。在原業平（ありわらのなり ひら）と思われる男性を主人公とした、日本最初の歌物語。

説話集
今昔物語集（こんじゃくものがたりしゅう）
平安時代末期。日本・中国・インドから集めた説話集。

宇治拾遺物語（うじしゅういものがたり）
鎌倉時代前期の説話集。

随筆
方丈記（ほうじょうき）
鎌倉時代中期。作者は鴨長明（かものちょうめい）。天変地異から感じた、世の無常を描く。

滑稽本
東海道中膝栗毛（とうかいどうちゅうひざくりげ）
江戸時代後期。作者は十返舎一九（じっぺんしゃいっく）。江戸から京都・大坂（おおさか）（大阪）までの旅の出来事を描く。

---

check! 次の問いに答えよう ♥ ♥ ♥　　　♥答えはp.214だよ。

1 『徒然草』の作者は誰（だれ）？

2 紫式部による長編物語の題名は？

第1章　漢字・語句 　♥ 復習 p.196-199 ♥

★ （　）内のカタカナを漢字に直しましょう。

□ ❶ 髪を（ソ）める。　[　　　　]

□ ❷ ライトが舞台を（テ）らす。　[　　　　]

□ ❸ 荷物を（アズ）かる。　[　　　　]

□ ❹ 先生が生徒を（ミチビ）く。　[　　　　]

□ ❺ （スミ）やかな行動。　[　　　　]

□ ❻ （センリャク）を立てる。　[　　　　]

□ ❼ 参加するための（ジョウケン）。　[　　　　]

□ ❽ 燃料の（チョゾウ）。　[　　　　]

□ ❾ 期間の（タンシュク）。　[　　　　]

□ ❿ 卒業生への（シュクジ）。　[　　　　]

★ （　）から最も適するものを選び、記号に○をつけましょう。

□ ⓫ 学級委員長を（ア 勤める　イ 努める　ウ 務める）。

□ ⓬ 二つの国を比較（ア 対象　イ 対称　ウ 対照）する。

★ （　）内の漢字の読み方を書きましょう。

□ ⓭ 被災者に対する義援金を（募）る。　[　　　　]

□ ⓮ 飲み物を口に（含）む。　[　　　　]

□ ⓯ 屋根が日光を（遮）る。　[　　　　]

□ ⓰ お経を（唱）える。　[　　　　]

□ ⓱ （滑）らかな口調。　[　　　　]

□ ⓲ （衝撃）を与える。　[　　　　]

□ ⓳ クッキーの（生地）を焼く。　[　　　　]

□ ⓴ 引退の可能性を（示唆）する。　[　　　　]

□ ㉑ 文章の（脈絡）を整える。　[　　　　]

□ ㉒ 料金は（均一）だ。　[　　　　]

□ ㉓ 台風の（名残）がある。　[　　　　]

□ ㉔ （草履）を履く。　[　　　　]

□ ㉕ （木綿）でできた服。　[　　　　]

□ ㉖ （風邪）が流行している。　[　　　　]

★　次の問題に答えましょう。

□ ❶ 活用する自立語で、言い切りの形が「だ・です」になる品詞は何か。

[　　　　　　　]

□ ❷ 活用しない自立語で、主に用言を修飾する品詞は何か。　　[　　　　　　　]

□ ❸ 活用しない自立語で、主語になる品詞は何か。　　　　　　[　　　　　　　]

□ ❹ 付属語で、活用がない品詞は何か。　　　　　　　　　　　[　　　　　　　]

□ ❺ 「白い鳥が、優雅に空を飛んでいる。」この文の中で形容詞はどれか。

[　　　　　　　]

□ ❻ 「小さな声が聞こえる。」この文の中で動詞はどれか。　　[　　　　　　　]

□ ❼ 「あの花はもうすぐ咲くだろう。」この文の中で連体詞はどれか。[　　　　]

□ ❽ 「まあ、とてもかわいい服ね。」この文の中で感動詞はどれか。[　　　　]

□ ❾ 「部屋の中には誰もいないようだ。」の____部の品詞名は何か。[　　　　]

□ ❿ 「ここから先は立ち入り禁止だ。」の____部の品詞名は何か。[　　　　]

★　各文の下線部と同じ意味・用法のものを（　）から選び、記号に○をつけましょう。

□ ⑪ ある店でセールが行われている。（ア ある日のこと。　イ ペンがある。　ウ 積んである箱。　エ 名のある画家。）

□ ⑫ 黒板に漢文が書いてある。（ア ある日のこと。　イ ペンがある。　ウ 積んである箱。　エ 名のある画家。）

□ ⑬ 彼の身長はそこまで高くない。（ア さりげない優しさ。　イ 解けない問題。　ウ 動きがない。　エ かわいくない態度。）

□ ⑭ その映画は切ないラブストーリーだ。（ア さりげない優しさ。　イ 解けない問題。　ウ 動きがない。　エ かわいくない態度。）

□ ⑮ 彼女は陽気に歌っている。（ア 風呂に入る。　イ 会いたいのに会えない。　ウ 羽のように軽い。　エ 簡単にできる。）

□ ⑯ ケーキを買いたかったのに、売り切れだった。（ア 風呂に入る。　イ 会いたいのに会えない。　ウ 羽のように軽い。　エ 簡単にできる。）

□ ⑰ あの指輪に付いているのは、本物の宝石らしい。（ア 彼らしい行動。　イ 道に迷ったらしい。　ウ あたらしい朝。　エ 子供らしい考え。）

□ ⑱ かわいらしい服装。（ア 彼らしい行動。　イ 道に迷ったらしい。　ウ あたらしい朝。　エ 子供らしい考え。）

□ ⑲ このスカートは、妹のものだ。（ア 雨がやんだようだ。　イ 興奮して叫んだ。　ウ この問題は簡単だ。　エ 私は15歳だ。）

□ ⑳ 彼女は自転車をこいだ。（ア 雨がやんだようだ。　イ 興奮して叫んだ。　ウ この問題は簡単だ。　エ 私は15歳だ。）

□ ㉑ 夢で見た景色。（ア 一緒に遊んでほしい。　イ 川で泳ぐ。　ウ おおらかで優しい。　エ わかるようでわからない。）

□ ㉒ しおりを挟んで、本を閉じる。（ア 一緒に遊んでほしい。　イ 川で泳ぐ。　ウ おおらかで優しい。　エ わかるようでわからない。）

□ ㉓ 私のスカートは短い。（ア かわいいのがよい。　イ その服は高価だ。　ウ 自分の夢をかなえる。　エ 彼女の欲しい本。）

□ ㉔ 交通量の多い道路。（ア かわいいのがよい。　イ その服は高価だ。　ウ 自分の夢をかなえる。　エ 彼女の欲しい本。）

★　下線部の品詞名を答えましょう。

□ ㉕ あの星は木星だ。　　　　　　　　　　　　　　　　　　　[　　　　　　　]

□ ㉖ 私はそう思う。　　　　　　　　　　　　　　　　　　　　[　　　　　　　]

□ ㉗ これが私の家です。　　　　　　　　　　　　　　　　　　[　　　　　　　]

★　[　]内に適する語を書き入れましょう。

□ ㉘ 短歌は、原則として全部で [　　　　　] 音から成っている。

□ ㉙ 和歌の句の途中で、意味の流れが切れるところを [　　　　　] という。

□ ㉚ 「あをによし」は、「奈良」の [　　　　　] である。

□ ㉛ 三大和歌集とは、『万葉集』・『古今和歌集』・『[　　　　　　　]』の三つである。

□ ㉜ 俳句に必ず詠み込まれる、季節を表す言葉を [　　　　　] という。

□ ㉝ 俳句の季語で、「七夕」が表す季節は [　　　　] である。

□ ㉞ 「花の色は　移りにけりな　いたづらに　我が身世にふる　ながめせし間に（小野小町）」の短歌で「ふる」は「降る」と「経る」、「ながめ」は「長雨」と「眺め」の [　　　　　] になっている。

□ ㉟ 「古池や　蛙飛びこむ　水の音　（松尾芭蕉）」の俳句の季語は、[　　　　] である。

★　（　）から最も適するものを選び、記号に○をつけましょう。

□ ㊱ ある言葉や句を導くための六音以上の言葉を（ア 枕詞　イ 序詞　ウ 縁語　エ 掛詞）という。

□ ㊲ 「見わたせば花も紅葉もなかりけり浦の苫屋の秋の夕暮」の句切れは（ア 二句切れ　イ 三句切れ　ウ 四句切れ　エ 句切れなし）である。

□ ㊳ 江戸時代の三大俳人とは、松尾芭蕉・与謝蕪村・（ア 小野小町　イ 小林一茶　ウ 額田王　エ 兼好法師）のことである。

216

□ ㊴ 俳句の、句の途中や句末について句を切る働きをする字のことを（**ア 初句　イ 字余り　ウ 字足らず　エ 切れ字**）という。

□ ㊵ Aの漢文を返り点に従って読むと、（**ア ①→③→②　イ ②→③→①　ウ ③→①→②　エ ③→②→①**）の順になる。

□ ㊶ Bの漢文の中で、書き下し文にするときに平仮名で書く字は（**ア 歳　イ 不　ウ 待　エ 人**）である。

□ ㊷ Cの漢文の中で、書き下し文にするときに書かない字は（**ア 三　イ 十　ウ 而　エ 立**）である。

C 三十而立ッ

B 歳月不待人ヲ

A 在①山②河③。

★　次の問題に答えましょう。

□ ㊸ 一句の文字数が五字で、八句からなる漢詩を何というか。　　［　　　　　］

□ ㊹ 一句の文字数が七字で、四句からなる漢詩を何というか。　　［　　　　　］

□ ㊺ 第一句を「起句」とする、絶句の四つの句の組み立てを何というか。
　　　　　　　　　　　　　　　　　　　　　　　　　　　　　　［　　　　　］

□ ㊻ 漢詩の技法で、偶数句の句末など、決まった位置に同じ韻（響き）の字を置くことを何というか。　　　　　　　　　　　　　［　　　　　］

★　（　）から最も適するものを選び、記号に○をつけましょう。

□ ㊼ 『万葉集』の歌風は（**ア 幽玄　イ 優雅　ウ ますらをぶり　エ たをやめぶり**）といわれる。

□ ㊽ 『源氏物語』の作者は（**ア 紫式部　イ 清少納言　ウ 紀貫之　エ 兼好法師**）である。

□ ㊾ 松尾芭蕉が書いたのは（**ア 平家物語　イ 徒然草　ウ 方丈記　エ おくのほそ道**）である。

□ ㊿ 日本最古の物語といわれるのは（**ア 伊勢物語　イ 竹取物語　ウ 源氏物語　エ 宇治拾遺物語**）である。

□ �["51"] 平家と源氏の戦いを描いた軍記物語は（**ア 平家物語　イ 方丈記　ウ 古事記　エ 源氏物語**）である。

□ �["52"] 「つれづれなるままに」で始まる随筆は（**ア 徒然草　イ 枕草子　ウ 万葉集　エ 土佐日記**）である。

□ �["53"] 『新古今和歌集』が成立したのは（**ア 奈良時代　イ 平安時代　ウ 鎌倉時代　エ 江戸時代**）である。

□ �["54"] 『東海道中膝栗毛』が書かれたのは（**ア 奈良時代　イ 平安時代　ウ 鎌倉時代　エ 江戸時代**）である。

□ �["55"] 『土佐日記』が書かれたのは（**ア 奈良時代　イ 平安時代　ウ 鎌倉時代　エ 室町時代**）である。

Girl's Life

Column

ガールズライフコラム

国語のマメ知識を
増やして、
ステキ女子になっちゃおう！

言葉遣いって大事…

　親しい友達どうしの会話だと、はやってる言葉をよく使うよね。ある言葉がはやるのは、みんなが使いやすいからで、いきいきしたやりとりにはむしろ欠かせないものかもしれない。でも、例えば先生や先輩に、「マジ!?」とか「ヤバイ！」とかの言葉は使わないよね。場面に応じた言葉遣いはやっぱり大切。いつも同じような話し方をするんじゃなくて、言葉遣いを含めたいろいろな表現力を身につけてる女子は、男子からも好感度が高いよ。

ステキ女子の会話講座

　時と場合に応じた会話ができることが、ステキで知的な女子の絶対条件！　会話というと、自分が「話す」ことに注意が向きがちだけど、相手の話を「聞く」ことは話す以上に難しいって、知ってた？　「会話中に自分が7割話すと、人はその会話を楽しく感じる」というデータがあるんだけど、つまりみんな、「自分が話したい」って思ってるんだよね。ちゃんと人の話を聞いてあげられる人になりたいよね。

絶世の美女、小野小町

　小野小町といえば、平安時代前期を代表する有名歌人だよ。恋や夢を題材にした和歌が、『古今和歌集』などに残されているよ。日本では、エジプトのクレオパトラ、中国の楊貴妃とともに、世界三大美女の一人とされてるんだ。現代でも、「○○小町」といえば、美人の代名詞だよ。どんなに美人だったのか、会ってみたかったよね。

「百夜通い」

　小野小町には、こんな伝説があるよ。小町は、自分に恋をした深草少将という男性に、「百晩、私の家へ通い続けたら、あなたの恋人になります」と約束した。だから深草少将は、長い道のりを、九十九晩、連続して通ったんだ。でも、約束の百晩目は大雪で、深草少将は途中で倒れて、亡くなってしまったの。報われないどころか、死んじゃうなんて、まさに、命がけの恋……！　悲劇だけど、小町はそれほど魅力的だったんだね。

百夜通い

CECIL McBEE

Study Collection

答えと解説

♥

＼勉強おつかれさま。／

英語

♥ Check Test の答えと解説 ♥

p.46 中1・2の総復習

❶ ウ ❷ ア ❸ イ ❹ ア ❺ イ ❻ ア
❼ イ ❽ ウ ❾ was ❿ likes ⓫ What
⓬ writing ⓭ To ⓮ have ⓯ oldest
⓰ more ⓱【例】Where does he live?
⓲【例】Let's go shopping.
⓳【例】Did you watch TV last night?
⓴【例】I want[I'd like] to visit Kyoto.
㉑【例】I'm[I am] taller than my mother.

解説 ❶ 主語のSara and Iは複数なので,be動詞はareを使う。直前のIにつられてamにしないこと。

❷ will のあとの動詞は原形にする。be動詞の原形はbe。isは現在形,wasは過去形。

❸ 主語のSheが3人称単数で現在の文なので,否定文は動詞の前にdoesn'tを入れる。

❹ can のあとの動詞は主語に関係なく原形。主語が3人称単数でも3単現の形にはしない。

❺ 否定の命令文はDon't で文を始める。これはbe動詞の命令文の場合でも同じ。

❻ be going to のあとの動詞は原形。

❼ Which do you like better, A or B? で「AとBでは,どちらが好きですか」。I like A better. (Aのほうが好きです。)のように答える。

❽ 「何か飲むもの」はsomething to drink。Would you like ~? は「~が欲しいですか」の意味で,Do you want ~? よりも丁寧な言い方。

❾ 主語が3人称単数で過去の文なのでwasを使う。

❿ 3単現のlikesにする。

⓫ 「何」はWhatでたずねる。

⓬ finish ~ing で「~し終える」の意味。finishはenjoy（~を楽しむ）やstop（~をやめる）などと同じように,動名詞を目的語にとる動詞。

⓭ 〈to+動詞の原形〉で「~するために」の意味。

⓮ 「~しなければならない」は,あとにto があるので,must ではなくhave to にする。

⓯ 「いちばん古い」は最上級で表す。oldの最上級はoldest。

⓰ expensive（高価な）の比較級は前にmoreをつけて,more expensive にする。

⓱ 「どこ」はwhereでたずねる。あとには,does he live という疑問文の形を続ける。

⓲ 「~しましょう」はLet's で文を始める。「買い物に行く」は go shopping。

⓳ 一般動詞の過去の疑問文はDid で文を始める。「テレビを見る」はwatch TV,「昨夜」はlast night。

⓴ want to ~で「~したい」。「京都を訪れる」はvisit Kyoto。

㉑ 「Aより背が高い」はtaller than A。

p.47

❶ ウ ❷ ア ❸ イ ❹ ア ❺ ウ ❻ ア
❼ ウ ❽ イ ❾ was ❿ aren't
⓫ be ⓬ were ⓭ since ⓮ yet
⓯ long／For
⓰【例】This song is liked by young people.
⓱【例】I've[I have] lived in this house for ten years.
⓲【例】I've[I have] never seen this movie.

解説 ❶ 受け身の文は〈be動詞＋過去分詞〉の形。speak の過去分詞はspoken。

❷ 「~によって」はby ~。

❸ 「~でできている」はbe made of[from] ~。

❹ 受け身の疑問文はbe動詞で文を始める。

❺ 現在完了形の否定文はhave/hasのあとにnotをつける。短縮形はhaven't/hasn't。

❻ 現在完了形の疑問文はHave/Hasで文を始める。

❼ 「回数」はHow many times でたずねる。

❽ 現在完了形の疑問文で「もう」は文末にyet。

❾ 過去の受け身の文は〈was/were+過去分詞〉。

❿ 受け身の否定文はbe動詞にnotをつける。

⓫ 未来の受け身は〈will be＋過去分詞〉の形。

⓬ Whenのあとは疑問文の形。主語が複数で過去の疑問文なのでwereを入れる。

⓭ 「~以来（ずっと）」はsince ~。

⓮ 「いいえ,まだです」はNo, not yet. と言う。

⓯ 「どれくらい長く」という期間は,How long でたずねる。「~の間」はfor ~。

⓰ 「好かれている」は like を使った受け身の形〈be動詞＋過去分詞〉にする。「若い人たち」はyoung peopleと言う。

⓱ 継続を表す現在完了形を使う。「この家に」は

in this house、「10年間」はfor ten years。

⑩ 「～を一度も見たことがない」はhave/has never seen ～と言う。

p.48　第1章　不定詞といろいろな文型

❶ ウ　❷ ア，イ　❸ how　❹ call
❺ made　❻ which shirt to buy
❼ me to help you
❽ It is not easy to answer this question.
❾ This news will make him happy.

解説　❶ 「何を～すればいいか」はwhat to ～ と表す。
❷ 「～することは－にとって…だ」はIt is … for － to ～. と表す。
❸ 「～のしかた」はhow to ～。
❹ 「AをBと呼ぶ」はcall A B。
❺ 「AをBにする」はmake A B。
❻ 「どちらのシャツを買えばいいか」はwhich shirtのあとに不定詞（to buy）を続ける。
❼ 「Aに～して欲しい」はwant A to ～。
❽ 「～することは…だ」はIt を主語にする。「この質問に答える」はanswer this question。短縮形It'sやisn'tを使ってもよい。
❾ 「彼を幸せにする」はmake A B の形を使って、make him happyとする。

p.48　第2章　分詞・関係代名詞・間接疑問文など

❶ イ　❷ ア　❸ ウ　❹ ウ　❺ playing
❻ which〔that〕　❼ how　❽ had, could
❾ wish, were　⑩ the boy Lisa likes
⑪ who that girl is

解説　❶ 「沖縄で撮られた写真」はa picture taken in Okinawa。a pictureをtaken in Okinawaが後ろから修飾する形にする。
❷ 人を説明する関係代名詞はwho。who lives in Los Angelesが前のan uncleを説明している。
❸ 文の中に疑問詞で始まる疑問文が入るときは、疑問詞のあとは〈主語＋動詞〉の語順になる。
❹ 仮定法の文では、ふつう主語がⅠでもbe動詞はwereを使う。
❺ 「ピアノを弾いている女の子」はThe girl を

playing the pianoが後ろから修飾する。
❻ 物（The bus）を説明する関係代名詞はwhich か that。which goes to the stadiumが前のThe busを説明している。
❼ 「どうすれば駅に行けるか」という疑問文が「～を教えてくれますか」という文の中に入った形。「どうすれば」はhowを使う。
❽ 「買えるのにな」の意味を表したいので、couldを使う。
❾ 「～だったらなぁ」という願望は、I wishのあとに〈主語＋過去形～.〉を続ける。
⑩ 「リサが好きな男の子」はLisa likesが後ろからthe boyを説明する形にする。説明する名詞のあとに〈主語＋動詞 ～〉が続くときは、関係代名詞は省略できる。
⑪ 「あの女の子は誰ですか」という疑問文が「私たちは～を知りません」という文の中に入った形。who that girl is のように、whoのあとは〈主語＋動詞〉の語順にすることに注意。

p.49　第3章　会話表現

❶ ウ　❷ イ　❸ ア　❹ ウ　❺ ア

解説　❶ How about ～? は「～はどうですか」。「～」に動詞がくるときは動名詞にする。How about ～ing?で「～するのはどうですか」という意味になる。
❷ 「どうしたの」や「どうかしましたか」はWhat's wrong? とたずねる。What's the matter? と言うこともできる。
❸ 電話で「～をお願いします」に「私です」はSpeaking. と応じる。イは「まさにこれです」、ウは「その通りです」という意味。
❹ 店で「お手伝いしましょうか〔いらっしゃいませ〕」と言われて「見ているだけです」と応じるときは、I'm just looking. と言う。アは「はい、どうぞ」と相手が求めている物を手渡すときの言い方。イは「それはいけませんね」と同情するときの言い方。
❺ 「あとで電話をかけなおす」はcall back later。イは「この通りをまっすぐ行ってください」、ウは「電話をくれてありがとう」という意味。

数 学

♥ check!の解説 ♥

p.57 ① $-3b(4a+5b)=-3b\times4a+(-3b)\times5b$
$=-12ab-15b^2$

② $(15a^2-9ab)\div3a=(15a^2-9ab)\times\dfrac{1}{3a}$

$=15a^2\times\dfrac{1}{3a}-9ab\times\dfrac{1}{3a}=5a-3b$

③ $(x+4)(y-2)$
$=x\times y+x\times(-2)+4\times y+4\times(-2)$
$=xy-2x+4y-8$

④ $(x+7)^2=x^2+2\times7\times x+7^2=x^2+14x+49$

⑤ $(x-9)^2=x^2-2\times9\times x+9^2=x^2-18x+81$

⑥ $(x+3)(x-3)=x^2-3^2=x^2-9$

p.59 ① $x^2+10x+25=x^2+2\times5\times x+5^2$
$=(x+5)^2$

② 和が11で，積が18になる2数は，2と9
よって，$x^2+11x+18=(x+2)(x+9)$

③ 和が-7で，積が12になる2数は，-3と-4
よって，$x^2-7x+12=(x-3)(x-4)$

④ $x^2-64=x^2-8^2=(x+8)(x-8)$

p.61 ②(1) $\sqrt{6}\times\sqrt{12}=\sqrt{6\times12}=\sqrt{72}=\sqrt{6^2\times2}$
$=6\sqrt{2}$

(2) $\sqrt{27}\div\sqrt{3}=\dfrac{\sqrt{27}}{\sqrt{3}}=\sqrt{\dfrac{27}{3}}=\sqrt{9}$
$=\sqrt{3^2}=3$

(3) $\sqrt{3}+\sqrt{27}=\sqrt{3}+3\sqrt{3}=4\sqrt{3}$

(4) $\sqrt{28}-\sqrt{63}=2\sqrt{7}-3\sqrt{7}=-\sqrt{7}$

③ $\dfrac{6}{\sqrt{8}}=\dfrac{6}{2\sqrt{2}}=\dfrac{3}{\sqrt{2}}=\dfrac{3\times\sqrt{2}}{\sqrt{2}\times\sqrt{2}}=\dfrac{3\sqrt{2}}{2}$

p.63 ① $3x^2-6=0,\ 3x^2=6,\ x^2=2,\ x=\pm\sqrt{2}$

② $(x-2)^2=49,\ x-2=\pm7,\ x=2\pm7$
$x=2+7$ より，$x=9$
$x=2-7$ より，$x=-5$

③ 解の公式に，$a=4,\ b=-1,\ c=-1$ を代入
して，
$x=\dfrac{-(-1)\pm\sqrt{(-1)^2-4\times4\times(-1)}}{2\times4}$
$=\dfrac{1\pm\sqrt{1+16}}{8}=\dfrac{1\pm\sqrt{17}}{8}$

④ 解の公式に，$a=2,\ b=3,\ c=-9$ を代入し
て，
$x=\dfrac{-3\pm\sqrt{3^2-4\times2\times(-9)}}{2\times2}$
$=\dfrac{-3\pm\sqrt{9+72}}{4}=\dfrac{-3\pm\sqrt{81}}{4}=\dfrac{-3\pm9}{4}$
$x=\dfrac{-3+9}{4}$ より，$x=\dfrac{6}{4}=\dfrac{3}{2}$
$x=\dfrac{-3-9}{4}$ より，$x=\dfrac{-12}{4}=-3$

p.65 ① 和が11，積が24になる2数は，3と8だから，
$x^2+11x+24=0,\ (x+3)(x+8)=0$
よって，$x=-3,\ x=-8$

② 和が-6，積が-40になる2数は，-10と4
だから，$x^2-6x-40=0,\ (x-10)(x+4)=0$
よって，$x=10,\ x=-4$

③ $x^2+5x=x-4,\ x^2+4x+4=0,$
$(x+2)^2=0,\ x=-2$

④ $2x^2+6x=(x-1)^2-17,$
$2x^2+6x=x^2-2x+1-17$
$x^2+8x+16=0,\ (x+4)^2=0,\ x=-4$

p.67 ①(1) 式を $y=ax^2$ とおくと，$x=3,\ y=27$ よ
り，$27=a\times3^2,\ a=3$　よって，$y=3x^2$

(2) 式を $y=ax^2$ とおくと，$x=-5,$
$y=-50$ より，$-50=a\times(-5)^2,\ a=-2$
よって，$y=-2x^2$

② 点$(4,-4)$を通るから，$y=ax^2$ に，$x=4,$
$y=-4$ を代入して，$-4=a\times4^2,\ a=-\dfrac{1}{4}$

よって，$y=-\dfrac{1}{4}x^2$

p.69 ①(1) 最大値は，$x=4$ のと
きで，$y=3\times4^2=48$
最小値は，$x=2$ のと
きで，$y=3\times2^2=12$
よって，$12\leqq y\leqq48$

(2) 最大値は，$x=0$ のと
きで，$y=0,$
最小値は，$x=-3$
のときで，
$y=-2\times(-3)^2=-18$
よって，$-18\leqq y\leqq0$

②(1) $x=1$ のとき，$y=1^2=1$
$x=6$ のとき，$y=6^2=36$
よって，変化の割合は，$\dfrac{36-1}{6-1}=\dfrac{35}{5}=7$

(2) $x=-4$ のとき，$y=-5\times(-4)^2=-80$

$x=-1$ のとき，$y=-5\times(-1)^2=-5$

よって，変化の割合は，

$$\frac{(-5)-(-80)}{(-1)-(-4)}=\frac{75}{3}=25$$

p.71 ❶❷ △IGHと△MONで，IG：MO=8：6

=4：3，GH：ON=12：9=4：3，

∠IGH＝∠MON=75°

よって，2組の辺の比とその間の角がそれ

ぞれ等しいから，△IGH∽△MON

p.73 ❶(1)　12：20=15：x より，$x=25$

(2)　中点連結定理より，$x=\dfrac{1}{2}\times18=9$

❷　2組の角がそれぞれ等しいので，

△ABC∽△ADE

AB=10+4=14(cm)，AD=10cm だから，

相似比は，AB：AD=14：10=7：5

面積比は，7^2：5^2=49：25

p.75 ❶(2)　∠x=130°$\times\dfrac{1}{2}$=65°

(3)　半円の弧に対する円周角は90°だから，

∠x=180°－(20°+90°)=70°

(4)　∠DAC＝∠DBC=40°だから，4点A，

B，C，Dは同一円周上にある。円周角の定

理より，∠BAC＝∠BDC=70°

よって，△ABCで，

∠x=180°－(70°+40°+10°)=60°

p.77 ❶(1)　$x^2=4^2+(2\sqrt{5}\,)^2=16+20=36$

$x>0$ より，$x=\sqrt{36}=6$

(2)　$x^2+9^2=12^2$，$x^2+81=144$，$x^2=63$

$x>0$ より，$x=\sqrt{63}=3\sqrt{7}$

(3)　30°，60°，90°の直角三角形の辺の比は，

1：2：$\sqrt{3}$ だから，2：x=1：2 より，$x=4$

❷　$3-(-2)=5$，$1-5=-4$ より，

$\sqrt{5^2+(-4)^2}=\sqrt{41}$

❸　円錐の高さは，$\sqrt{5^2-3^2}=\sqrt{16}=4$(cm)

体積は，

$$\frac{1}{3}\times\pi\times3^2\times4=12\pi\ (\text{cm}^3)$$

p.79 ❶(1)　安全のために全員検査する必要がある。

(2)　全国のテレビをすべて調査するのは難し

いので，標本調査。

(3)　ぶどうをすべて調査することはできない

ので，標本調査。

❷　数学が好きな人を x 人とすると，

540：x=30：4, 540×4=x×30, x=72(人)

---

p. 80　**第1章　多項式の計算**

❶ $10a^2-15ab$ 　　 ❷ $-4a-5b$

❸ $xy+7x+3y+21$

❹ $2x^2+x-12xy-6y$

❺ $x^2-11x+18$ 　　 ❻ $x^2-2x-35$

❼ $x^2+10x+25$ 　　 ❽ $x^2-16x+64$

❾ x^2-36 　　 ❿ $9x^2+12xy+4y^2$

⓫ $2x(x+5)$ 　　 ⓬ $(x-6)(x+1)$

⓭ $(x-3)(x+7)$ 　　 ⓮ $(x+6)^2$

⓯ $(x+9)(x-9)$ 　　 ⓰ $3(x-3)(x-5)$

解説 ❶ $5a(2a-3b)=5a\times2a-5a\times3b=10a^2-15ab$

❷ $(8ab+10b^2)\div(-2b)$

$=8ab\times\left(-\dfrac{1}{2b}\right)+10b^2\times\left(-\dfrac{1}{2b}\right)=-4a-5b$

❸ $(x+3)(y+7)=x\times y+x\times7+3\times y+3\times7$

$=xy+7x+3y+21$

❹ $(x-6y)(2x+1)=x\times2x+x\times1-6y\times2x$

$-6y\times1=2x^2+x-12xy-6y$

❺ $(x-9)(x-2)=x^2+(-9-2)x+9\times2$

$=x^2-11x+18$

❻ $(x+5)(x-7)=x^2+(5-7)x+5\times(-7)$

$=x^2-2x-35$

❼ $(x+5)^2=x^2+2\times5\times x+5^2=x^2+10x+25$

❽ $(x-8)^2=x^2-2\times8\times x+8^2=x^2-16x+64$

❾ $(x+6)(x-6)=x^2-6^2=x^2-36$

❿ $(3x+2y)^2=(3x)^2+2\times2y\times3x+(2y)^2$

$=9x^2+12xy+4y^2$

⓫ $2x^2+10x=2x\times x+2x\times5=2x(x+5)$

⓬ 和が-5で，積が-6になる2数は，-6と1

よって，$x^2-5x-6=(x-6)(x+1)$

⓭ 和が4で，積が-21になる2数は，-3と7

よって，$x^2+4x-21=(x-3)(x+7)$

⓮ $x^2+12x+36=x^2+2\times6\times x+6^2=(x+6)^2$

⓯ $x^2-81=x^2-9^2=(x+9)(x-9)$

⓰ まず，共通因数の3をくくり出す。

$3x^2-24x+45=3(x^2-8x+15)$

$=3(x-3)(x-5)$

第2章　平方根

❶ $\pm\sqrt{30}$　❷ 11　❸ $2\sqrt{3}<\sqrt{14}<4$

❹ $\sqrt{35}$　❺ 4　❻ $\sqrt{6}$　❼ $3\sqrt{2}$

❽ $5\sqrt{6}$　❾ $9\sqrt{2}$　❿ $-\sqrt{3}$　⓫ $2\sqrt{5}$

⓬ $3\sqrt{2}-3\sqrt{6}$　⓭ $8+2\sqrt{7}$

⓮ $\dfrac{2\sqrt{5}}{5}$　⓯ $3\sqrt{14}$

⓰ 9.23×10^3cm

解説 ❸ $0<a<b$ ならば，$\sqrt{a}<\sqrt{b}$ なので，
$4=\sqrt{4^2}=\sqrt{16}$，$2\sqrt{3}=\sqrt{2^2\times3}=\sqrt{12}$ より，
$12<14<16$ だから，$2\sqrt{3}<\sqrt{14}<4$

❺ $\sqrt{2}\times\sqrt{8}=\sqrt{2\times8}=\sqrt{16}=\sqrt{4^2}=4$

❻ $\sqrt{18}\div\sqrt{3}=\dfrac{\sqrt{18}}{\sqrt{3}}=\sqrt{\dfrac{18}{3}}=\sqrt{6}$

❼ $\sqrt{36}\div\sqrt{2}=\dfrac{\sqrt{36}}{\sqrt{2}}=\sqrt{\dfrac{36}{2}}=\sqrt{18}$
$=\sqrt{3^2\times2}=3\sqrt{2}$

❽ $2\sqrt{6}+3\sqrt{6}=(2+3)\sqrt{6}=5\sqrt{6}$

❾ $\sqrt{32}+\sqrt{50}=4\sqrt{2}+5\sqrt{2}=9\sqrt{2}$

❿ $\sqrt{48}-\sqrt{75}=4\sqrt{3}-5\sqrt{3}=-\sqrt{3}$

⓫ $3\sqrt{5}-\sqrt{20}+\sqrt{5}=3\sqrt{5}-2\sqrt{5}+\sqrt{5}$
$=(3-2+1)\sqrt{5}=2\sqrt{5}$

⓬ 分配法則 $a(b-c)=ab-ac$ を利用する。
$\sqrt{6}(\sqrt{3}-3)=\sqrt{6}\times\sqrt{3}-\sqrt{6}\times3$
$=\sqrt{18}-3\sqrt{6}=3\sqrt{2}-3\sqrt{6}$

⓭ 乗法公式 $(x+a)^2=x^2+2ax+a^2$ を利用する。
$(\sqrt{7}+1)^2=(\sqrt{7})^2+2\times1\times\sqrt{7}+1^2$
$=7+2\sqrt{7}+1=8+2\sqrt{7}$

⓮ $\dfrac{2}{\sqrt{5}}=\dfrac{2\times\sqrt{5}}{\sqrt{5}\times\sqrt{5}}=\dfrac{2\sqrt{5}}{5}$

⓯ $\dfrac{6\sqrt{7}}{\sqrt{2}}=\dfrac{6\sqrt{7}\times\sqrt{2}}{\sqrt{2}\times\sqrt{2}}=\dfrac{6\sqrt{14}}{2}=3\sqrt{14}$

⓰ $9230=9.23\times1000=9.23\times10^3$

第3章　2次方程式

❶ $x=\pm\sqrt{5}$　　❷ $x=-3,\ x=9$

❸ $x=\dfrac{3\pm\sqrt{29}}{2}$　　❹ $x=0,\ x=-3$

❺ $x=-3,\ x=-9$　　❻ $x=8,\ x=-2$

❼ $x=-7$　　❽ $x=\pm10$

❾ $x=-2,\ x=-7$　　❿ $x=4,\ x=15$

⓫ $x,\ x+1$

⓬ 方程式…$x^2+(x+1)^2=41$　　2つの自然数…4, 5

解説 ❶ $4x^2-20=0,\ 4x^2=20,\ x^2=5,\ x=\pm\sqrt{5}$

❷ $(x-3)^2=36,\ x-3=\pm6,\ x=3\pm6$
$x=3+6$ より，$x=9$　$x=3-6$ より，$x=-3$

❸ 解の公式に $a=1,\ b=-3,\ c=-5$ を代入して，
$$x=\dfrac{-(-3)\pm\sqrt{(-3)^2-4\times1\times(-5)}}{2\times1}$$
$$=\dfrac{3\pm\sqrt{9+20}}{2}=\dfrac{3\pm\sqrt{29}}{2}$$

❹ $2x^2+6x=0,\ 2x(x+3)=0$　$2x=0,$
または，$x+3=0$ より，$x=0,\ x=-3$

❺ $x^2+12x+27=0,\ (x+3)(x+9)=0$
$x=-3,\ x=-9$

❻ $x^2-6x-16=0,\ (x-8)(x+2)=0$
$x=8,\ x=-2$

❼ $x^2+14x+49=0,\ (x+7)^2=0,\ x=-7$

❽ $x^2-100=0,\ (x+10)(x-10)=0,\ x=\pm10$

❾ $x^2+11x+14=2x,\ x^2+9x+14=0,$
$(x+2)(x+7)=0,\ x=-2,\ x=-7$

❿ $(x-8)^2=3x+4,\ x^2-19x+60=0,$
$(x-4)(x-15)=0,\ x=4,\ x=15$

⓬ 平方の和が41だから，$x^2+(x+1)^2=41$
これを解くと，$x=-5,\ x=4$　$x>0$ だから，
$x=4$　よって，大きいほうの数は，$4+1=5$

第4章　関数 $y=ax^2$

❶ $y=4x^2$　　❷ $y=-125$　　❸ 放物線，y軸

❹ 上，下，大きい　　❺ $0\leqq y\leqq45$

❻ $-27\leqq y\leqq0$　　❼ -9

解説 ❶ 式を $y=ax^2$ とおくと，$x=-3,\ y=36$ だ
から，$36=a\times(-3)^2,\ a=4$　よって，$y=4x^2$

❷ 式を $y=ax^2$ とおくと，$x=2,\ y=-20$ だか
ら，$-20=a\times2^2,\ a=-5$　よって，$y=-5x^2$
$x=5$ のとき，$y=-5\times5^2=-125$

❺ 最大値は，$x=3$ のとき
で，$y=5\times3^2=45$
　　最小値は，$x=0$ のとき
で，$y=0$
　　よって，$0\leqq y\leqq45$

❻ 最大値は，$x=0$ のとき
で，$y=0$
　　最小値は，$x=-3$ のときで，
$y=-3\times(-3)^2=-27$
　　よって，$-27\leqq y\leqq0$

❼ $x=4$ のとき，$y=-\dfrac{3}{4}\times 4^2=-12$

$x=8$ のとき，$y=-\dfrac{3}{4}\times 8^2=-48$

よって，変化の割合は，

$\dfrac{(-48)-(-12)}{8-4}=\dfrac{-36}{4}=-9$

p.82 第5章 相似な図形

❶ $4:3$　❷ $\dfrac{27}{2}$ cm　❸ $x=\dfrac{5}{2}$，$y=8$

❹ $x=25$，$y=12$　❺ $x=18$，$y=6$

❻ $4:5$　❼ 375π cm

解説 ❶ BC：EF＝24：18＝4：3

❷ AB：DE＝4：3 より，18：DE＝4：3，

DE×4＝18×3，DE＝$\dfrac{54}{4}=\dfrac{27}{2}$ (cm)

❸ AD：DB＝AE：EC より，

$5:x=6:3$，$15=6x$，$x=\dfrac{5}{2}$

DE：BC＝AE：AC より，

$y:12=6:(6+3)$，$y:12=2:3$，$y=8$

❹ AB：ED＝BC：DC＝AC：EC より，

18：30＝15：x，$18x=450$，$x=25$

18：30＝y：20，$30y=360$，$y=12$

❺ 中点連結定理より，DF＝$\dfrac{1}{2}$BC だから，

$x=2$DF＝2×9＝18　また，

DE＝$\dfrac{1}{2}$AC だから，$y=\dfrac{1}{2}$AC＝$\dfrac{1}{2}\times 12=6$

❻ 相似比は，X：Y＝8：10＝4：5

よって，高さの比も，4：5

❼ 体積比は，X：Y＝$4^3:5^3$＝64：125

よって，Yの体積をVcm とすると，

$192\pi:V=64:125$，$V=375\pi$ (cm)

p.82 第6章 円

❶ 55°　❷ 150°　❸ 40°

❹ 30°　❺ 65°　❻ 40°

解説 ❷ $\angle x=75°\times 2=150°$

❸ 半円の弧に対する円周角は90°だから，

$\angle x=360°-(80°+60°+90°\times 2)=40°$

❹ 等しい弧に対する円周角の大きさは等しい。

❺ $\angle x=40°+25°=65°$

❻ $\angle$BAC＝$\angle$BDC＝30° より，四角形ABCD
の4つの頂点は同一円周上にある。

よって，$\angle$ACB＝$\angle$ADB より，$\angle x=40°$

p.83 第7章 三平方の定理

❶ $x=\sqrt{30}$　❷ $x=\sqrt{95}$　❸ $x=15$

❹ $x=4\sqrt{2}$　❺ $x=2\sqrt{65}$　❻ $x=4\sqrt{3}$

❼ $9\sqrt{3}$ cm　❽ $\sqrt{34}$　❾ $2\sqrt{17}$ cm

解説 ❶ $x^2=(2\sqrt{3})^2+(3\sqrt{2})^2=30$

$x>0$ より，$x=\sqrt{30}$

❷ $x^2+7^2=12^2$ より，$x^2=12^2-7^2$

$x>0$ より，$x=\sqrt{12^2-7^2}=\sqrt{95}$

❸ $x=\sqrt{12^2+9^2}=\sqrt{225}=15$

❹ $x^2+x^2=8^2$ より，$2x^2=64$，$x^2=32$

$x>0$ より，$x=\sqrt{32}=4\sqrt{2}$

❺ $\sqrt{9^2-4^2}=\sqrt{81-16}=\sqrt{65}$

よって，$x=\sqrt{65}\times 2=2\sqrt{65}$

❻ $x=\sqrt{4^2+4^2+4^2}=\sqrt{48}=4\sqrt{3}$

❼ 正三角形の高さを h cm とすると，

$3^2+h^2=6^2$，$h^2=36-9=27$

$h>0$ より，$h=\sqrt{27}=3\sqrt{3}$ (cm)

よって面積は，$\dfrac{1}{2}\times 6\times 3\sqrt{3}=9\sqrt{3}$ (cm)

❽ 点A(1，6)，点B(6，3) だから，

$\sqrt{(1-6)^2+(6-3)^2}=\sqrt{(-5)^2+3^2}=\sqrt{34}$

❾ 底面の対角線の長さを $a$cm とすると，

$1:\sqrt{2}=8:a$ より，$a=8\sqrt{2}$ (cm)

高さを $h$cm とすると，$(4\sqrt{2})^2+h^2=10^2$，

$h^2=68$，$h>0$ より，$h=\sqrt{68}=2\sqrt{17}$ (cm)

p.83 第8章 標本調査

❶ 標本調査　❷ 全数調査

❸ およそ216個　❹ およそ900匹

解説 ❶ 全国の中学生全員を調査するのは難しい。

❷ 人命に関わることなので，すべての交通事故
について原因を調べる必要がある。

❸ 袋の中の赤玉の個数を x 個とすると，

300：x＝50：36，$300\times 36=x\times 50$ より，

$x=216$

❹ 池にいるコイの数を x 匹とすると，

x：60＝60：4，$x\times 4=60\times 60$ より，$x=900$

理 科

♥ Check Testの答えと解説 ♥

p.126 **第1章　化学変化とイオン**

❶ イ　　❷ 2, 2, 2
❸ ア 電子　イ 原子核　ウ 陽子　エ 中性子
❹ 2, 2　　❺ 陽イオン
❻ ナトリウムイオン　Na$^+$
　 銅イオン　Cu^{2+}
　 水酸化物イオン　OH$^-$
　 硫酸イオン　SO$_4^{2-}$
❼ ウ　　❽ マグネシウム　亜鉛　銅

解説 ❶ 水にとけたとき，水溶液に電流が流れるのが電解質である。エタノールと砂糖は水にとけても電流が流れない非電解質である。

❷ 水素や塩素はどちらも原子が2つ結びついた分子の状態で存在するので，化学式はそれぞれH$_2$，Cl$_2$となる。反応の前後で原子の数は等しいので，矢印の左側のHClは2つ必要。

❸ 原子核は＋の電気をもつ陽子と，電気をもたない中性子からできている。原子核のまわりには－の電気をもつ電子がある。陽子と電子の数は同じである。

❹ 矢印の右側のCu^{2+}は，＋の数が2なので，＋と－の数をそろえるため矢印の右側のCl$^-$は2個必要である。反応の前後で原子の数は等しいので，矢印の左側のClは2つ必要。

❺ 電子は－の電気をもつので，電子を失うと＋の電気を帯びた陽イオンになる。

❼ 中和によって，水素イオンH$^+$と水酸化物イオンOH$^-$が反応して水H$_2$Oが生じる。また，それと同時に，酸の陰イオンとアルカリの陽イオンが反応して塩が生じる。

❽ 例えば，硫酸銅水溶液に亜鉛板を入れると，亜鉛板がうすくなり，亜鉛板の表面に銅がつく。これは，亜鉛が銅よりイオンになりやすいために起こる化学変化である。

p.126 **第2章　生命の連続性**

❶ ア 核　　イ 染色体
❷ イ　　❸ ア　　❹ ア
❺ イ　　❻ ア　　❼ イ
❽ ア　　❾ イ　　❿ ア

解説 ❶ 細胞の中に見える丸いものは核であり，核の中に見えるひも状のものは染色体である。

❷ 雄・雌がかかわらない生殖を無性生殖という。なお，植物の一部が新しい個体となることを特に栄養生殖という。

❸ 減数分裂によって，卵と精子の染色体の数は体細胞の半分になり，受精して1つになることでもとの染色体の数と同じになる。

❹ 受精卵から成体（生殖がおこなえる個体）になるまでの過程を発生という。

❺ 形質は染色体の中にある遺伝子によって子に伝えられる。遺伝子の本体はDNA（デオキシリボ核酸）という物質である。

❻ エンドウの種子の丸やしわのように，同時には現れない形質を対立形質という。

❼ 無性生殖では体細胞分裂によって，子と親と全く同じ遺伝子が受けつがれる。有性生殖では両親から半分ずつ遺伝子が受けつがれるため，どちらかの親と全く同じ遺伝子をもつことはありえない。

❽ メンデルは1822年にオーストリアで生まれ，エンドウの交配実験から遺伝に関する法則を発見した。

❾ 食べる・食べられるという，生物どうしの関係を食物連鎖という。食べる生物より食べられる生物の方が量が多いので，食物連鎖の数量的な関係を図で表すと，ピラミッド形になる。

❿ 死がいや排出物を分解するのは分解者（土の中の生物や菌類・細菌類）である。そのほかに有機物をつくり出す生産者（植物），その有機物をとり入れる消費者（動物）がいる。

第3章　運動とエネルギー

❶ 浮力　❷ ア　❸ ア
❹ 0.24 m/s　❺ イ　❻ 慣性の法則
❼ ア　❽ ウ　❾ 4 J
❿ 5 J　⓫ ア　⓬ 力学的エネルギー

解説 ❶ 水中にある物体には，水圧によってあらゆる方向から力がはたらいている。上の面にはたらく力より下の面にはたらく力の方が大きいため，物体には上向きの力の浮力がはたらく。

❷ ある物体がほかの物体に力を加えると（作用），同時にほかの物体から，大きさが同じで，反対向きの，一直線上にある力を受ける（反作用）。これを，作用・反作用の法則という。

❸ 平均の速さは，ある区間を一定の速さで動いたと考えたときの速さで，瞬間の速さはごく短い時間に動いた距離をもとに求めた速さである。

❹ 1 m20 cm＝1.2 mなので，1.2 m÷5 s＝0.24 m/s

❺ 等速直線運動の速さは時間がたっても変わらないので，**イ**のグラフ。**ア**は力がはたらき続けることで，しだいに速さが大きくなっている運動を表している。

❻ 慣性とは，物体がそれまでの運動を続けようとする性質のことである。

❽ **ア**と**イ**では力の向き（**ア**は左向き，**イ**は上向き）に物体が動いているため，仕事をしている。しかし，**ウ**では力の向き（上向き）に物体が動いていないため，仕事をしていない。

❾ 4 N×1 m＝4 J

❿ 定滑車を使っても，加える力の向きが変わるだけで，使わない場合と仕事の大きさは変わらない。5 N×1 m＝5 J

⓫ 1秒間にする仕事を仕事率という。

⓬ 摩擦や空気の抵抗を考えないとき，力学的エネルギーは一定に保たれる。

第4章　地球と宇宙

❶ イ　❷ ア　❸ ア
❹ イ　❺ ア　❻ イ
❼ ア　❽ イ

解説 ❶ 地球が自転することによって，太陽が地球のまわりを回っているように見える。

❸ 夏至のときは，地球の北半球が太陽側に傾いている。北半球に太陽の光が多く当たるため，気温が高くなる。

❹ 地球が太陽のまわりを1年かけて回ること（公転）によって，太陽が天球上の黄道を1年で1周しているように見える。

❺ 太陽の表面温度は約6000℃，黒点の温度は約4000℃である。

❻ 探査機「はやぶさ」は，これらの小惑星の1つ「イトカワ」からかけらを持ち帰った。

❼ 惑星は恒星のまわりを公転する天体であり，衛星は惑星のまわりを公転する天体である。

❽ 銀河系の外にも同じような恒星の集団が無数にあり，銀河とよばれる。

第5章　自然・科学技術と人間

❶ ウ　❷ ア　❸ ア
❹ イ　❺ イ

解説 ❶ 水力発電では，ダムにためた水を落下させて発電機を回すことで電気エネルギーをつくり出している。すなわち，水がもつ位置エネルギーを電気エネルギーに変換している。

❷ 再生可能エネルギーは，風力や太陽光，地熱などのいつまでも利用できるエネルギーのことであり，安定して供給されるように技術開発が進められている。

❸ 二酸化炭素には地球から放射される熱の一部を地表にもどすはたらき（温室効果）があるため，その増加が地球温暖化の原因だと考えられている。

❹ α線はヘリウムの原子核の流れ，β線は電子の流れ，γ線は電磁波である。

❺ ポリプロピレン（PP）は食器やペットボトルのふたなどに使われており，ポリエチレンテレフタラート（PET）はペットボトルなどに，ポリ塩化ビニル（PVC）は消しゴムやボールなどに使われている。

社 会

♥ Check Testの答えと解説 ♥

p.186 第1章 歴史：二度の世界大戦と日本（大正時代）

❶ 三国同盟　　　❷ 三国協商
❸ 第一次世界大戦　❹ ロシア革命
❺ ベルサイユ条約　❻ 二十一か条の要求
❼ 五・四運動　　　❽ 護憲運動
❾ 米騒動　　　　❿ 25

解説 ❺　ベルサイユ条約によって，ドイツは全植民地を失い，領土を縮小され，巨額の賠償金を支払うことになった。
❾　シベリア出兵は，ロシア革命の影響を恐れた日本などが行った。
❿　治安維持法は共産（社会）主義者を取りしまるための法律。

p.186 第2章 歴史：二度の世界大戦と日本（昭和時代①）

❶ ウ　❷ イ　❸ エ　❹ イ
❺ ファシズム　❻ 満州事変　❼ 日中戦争
❽ 国家総動員法　❾ 大政翼賛会
❿ 日独伊三国同盟　⓫ 日ソ中立条約
⓬ ポツダム宣言

解説 ❶　ソ連は五か年計画を行っていたので，世界恐慌の影響を受けなかった。イギリスやフランスはブロック経済の政策を行った。
❺　イタリアではムッソリーニ，ドイツではヒトラーが政権を握り，独裁政治を行った。
❻　翌年の1932年，日本軍は満州国を建国し，実質的に支配した。

p.187 第3章 歴史：現代の日本と私たち（昭和時代②〜令和）

❶ マッカーサー　❷ 農地改革　❸ 日本国憲法
❹ 冷たい戦争（冷戦）
❺ サンフランシスコ平和条約
❻ 日米安全保障条約（日米安保条約）
❼ 日中共同声明　❽ 高度経済成長
❾ ドイツ　❿ バブル経済　⓫ 少子高齢化

解説 ❷　農地改革によって，多くの自作農が生まれた。
❼　1978年には，日中平和友好条約が結ばれた。
❽　高度経済成長は，1973年に起こった石油危機（オイル・ショック）によって終わった。

p.188 第4章 公民：現代社会と私たちの暮らし

❶ グローバル化　　❷ 情報化
❸ 少子高齢化　　　❹ 合意

解説 ❷　情報化が進み，暮らしや社会において情報が大きな役割を果たす社会を，情報社会という。
❸　現在の少子高齢社会では，社会保障の見直しが求められている。

p.188 第5章 公民：人間の尊重と日本国憲法

❶ 基本的人権（人権）　❷ 公共の福祉
❸ 平等権　❹ 自由権　❺ 社会権
❻ 参政権　❼ 知る権利

解説 ❹　自由権には，精神の自由，身体の自由，経済活動の自由がある。
❺　社会権の中心となっているのが，日本国憲法第25条で「健康で文化的な最低限度の生活を営む権利」と表記されている生存権である。

p.188 **第6章　公民：現代の民主政治と社会**

❶ 間接民主制（議会制民主主義，代議制）
❷ 直接選挙　❸ 与党（よとう）　❹ 議院内閣制
❺ 三審制（さんしん）　❻ 三権分立
❼ 地方交付税交付金　❽ イ　❾ エ　❿ イ

解説　❻　国の権力が一つの機関に集中すると，その機
　　　関が強大になり，国民の権利と自由をおびやか
　　　すので，それを防ぐために三権分立の制度が設
　　　けられている。

p.189 **第7章　公民：私たちの暮らしと経済**
　　　第8章　公民：財政と国民の福祉

❶ 家計　❷ 供給量　❸ 株式会社
❹ 労働基準法　❺ 政府の銀行　❻ 直接税
❼ 公的扶助（ふじょ）

解説　❷　需要量（じゅよう）と供給量が一致したときの価格を，均
　　　衡（こう）価格という。
　　　❻　税金を支払（しはら）う人と納める人が違うのは，間接
　　　税である。

p.189 **第9章　公民：地球社会と私たち**

❶ 領海　❷ 国際連合　❸ 地球温暖化

解説　❷　2021年6月現在，国際連合には193か国が加
　　　盟している。
　　　❸　地球温暖化によって，海面が膨張したり，南
　　　極大陸の氷がとけたりして海面が上昇し，海抜
　　　の低い島国が水没（すいぼつ）する可能性がある。

国 語

♥ Check Testの答えと解説 ♥

p.214 **第1章 漢字・語句**

❶ 染 ❷ 照 ❸ 預 ❹ 導
❺ 速 ❻ 戦略 ❼ 条件 ❽ 貯蔵
❾ 短縮 ❿ 祝辞
⓫ ウ ⓬ ウ
⓭ つの ⓮ ふく ⓯ さえぎ
⓰ とな ⓱ なめ ⓲ しょうげき
⓳ きじ ⓴ しさ ㉑ みゃくらく
㉒ きんいつ ㉓ なごり ㉔ ぞうり
㉕ もめん ㉖ かぜ

解説 ❶ 「九」を「丸」と書かないように注意。
❷ 形の似ている「昭」と書き間違えないように。
❸ 左側は「矛」ではなく「予」。
❻ 「目標を達成するための、準備や計画の方法」
  という意味。
❽ 「蔵」を同音異字の「臓」と書き間違えない
  ように。
❿ 「祝」を形の似ている「呪」「礼」「祈」な
  どと書き間違えないように。
⓫ 「任務を引き受ける」という意味なので、「務」
  を使う。
⓬ 「二つの物事を照らし合わせる」という意味
  なので、「対照」を使う。
⓭ 形の似ている「慕う」「暮れる」などと区別
  すること。
⓯ 送り仮名は「ぎる」ではなく「る」であるこ
  とに注意。
⓱ 「すべ（らか）」と読まないように注意。
⓲ 「衝」を形の似ている「衡」と間違えて読ま
  ないように。
⓴ 「直接的にではなく、それとなく示す」とい
  う意味。
㉒ 「一」を「いち」と読まないように。
㉓～㉖ 熟字訓。一つ一つの漢字の本来の読み方
  ではなく、熟語ごとに特別な読み方として覚え
  ること。

p.215 **第2章 文法・古典**

❶ 形容動詞 ❷ 副詞 ❸ 名詞 ❹ 助詞
❺ 白い ❻ 聞こえる ❼ あの ❽ まあ
❾ 助動詞 ❿ 助詞
⓫ ア ⓬ ウ ⓭ エ ⓮ ア ⓯ エ ⓰ イ
⓱ イ ⓲ ウ ⓳ エ ⓴ イ ㉑ イ ㉒ ア
㉓ ウ ㉔ エ
㉕ 連体詞 ㉖ 副詞 ㉗ 名詞（代名詞）
㉘ 三十一（31） ㉙ 句切れ ㉚ 枕詞
㉛ 新古今和歌集 ㉜ 季語 ㉝ 秋
㉞ 掛詞 ㉟ 蛙
㊱ イ ㊲ イ ㊳ イ ㊴ エ
㊵ イ ㊶ イ ㊷ ウ
㊸ 五言律詩 ㊹ 七言絶句 ㊺ 起承転結
㊻ 押韻
㊼ ウ ㊽ ア ㊾ エ ㊿ イ 51 ア 52 ア
53 ウ 54 エ 55 イ

解説 ❺ 形容詞は活用する自立語で、言い切りの形が
  「い」になる。
❻ 動詞は活用する自立語で、言い切りの形がウ
  段になる。
❼ 連体詞は活用しない自立語で、体言を修飾す
  る。ここでは「花」を修飾している。
❽ 感動詞は活用しない自立語で、独立語になる。
❾ 助動詞「ない」のあとに付く付属語。活用す
  るので、助動詞。
❿ 名詞「ここ」のあとに付く付属語。活用しな
  いので、助詞。
⓫ 連体詞。「あの」に言い換えられることで見
  分けられる。
⓬ 補助動詞。直前の「て（で）」で動詞に接続
  し、前の文節と補助の関係になっている。
⓭ 補助形容詞。「高くはない」「かわいくはない」
  と、直前に「は」を入れられる。
⓮ 形容詞の一部。「ない」と直前の語を別の品
  詞に切り離せないことから判断できる。
⓯ 形容動詞の活用語尾。「だ」や「な＋名詞」に
  言い換えられる。
⓰ 接続助詞「のに」の一部。
⓱ 推定の助動詞。「どうやら～（の）ようだ」
  に言い換えられる。
⓲ 形容詞の一部。「らしい」と直前の語を別の

品詞に切り離せないことから判断できる。

⑲ 断定の助動詞。「名詞＋だ」の形になっていて、名詞の前に「とても」を付けると意味が通らないことから判断できる。

⑳ 過去・完了・存続の助動詞。「動詞＋だ」の形になっている。

㉑ 格助詞。「名詞＋で」の形になっている。

㉒ 接続助詞。「動詞＋で」の形になっている。

㉓ 連体修飾語を示す格助詞。体言に挟まれている。

㉔ 主語を示す格助詞。「が」に言い換えられる。

㉕ 自立語で活用がなく、「星」を修飾している。

㉖ 自立語で活用がなく、「思う」を修飾している。

㉗ 自立語で活用がなく、主語になる。

㉘ 五・七・五・七・七で三十一音。

㉚ 枕詞とは、決まった言葉の前に付く、意味をもたない形式的な言葉。ほかに「あしひきの」（→「山」）、「ちはやぶる」（→「神」）などがある。

㉛ 『万葉集』は奈良時代後期、『古今和歌集』は平安時代前期、『新古今和歌集』は鎌倉時代前期に成立した和歌集。

㉟ 蛙が表す季節は春。

㊱ 枕詞に似ているが、序詞の場合はあとにくる言葉にきまりがなく、作者が自由に創作する。

㊲ 意味は、「はるかに見わたすと、美しい春の桜も秋の紅葉もないことであるよ。海辺の苫屋だけが立っている、この寂しい秋の夕暮れよ。」「見わたせば　花も紅葉も　なかりけり」で意味が切れているので三句切れ。

㊳ 松尾芭蕉は、紀行文『おくのほそ道』の作者としても有名。与謝蕪村は絵画的な俳句を詠んだ俳人。小林一茶は庶民的な俳句を詠んだことで知られている。

㊴ 切れ字の付いている句は、作者の感動の中心であることが多い。

㊵ 一・二点のある漢文は、一の付いた字までを先に読み、二の付いた字に戻る。

㊶ 「不」は日本語では助動詞の「ず」にあたるので、書き下し文では平仮名で書く。

㊷ 「而」は訓読するときに読まない「置き字」のため、書き下し文には書かない。

㊺ 絶句の四つの句は、第一句目からそれぞれ「起句」「承句」「転句」「結句」とよばれる。

㊼ 三大和歌集の歌風は、『万葉集』が「ますら

をぶり」、『古今和歌集』が「たをやめぶり」、『新古今和歌集』が「幽玄」。

㊹ 清少納言は『枕草子』、紀貫之は『土佐日記』、兼好法師は『徒然草』の作者。

セシルマクビー スタディコレクション

中3 高校入試
改訂版

- ❤協力　CECIL McBEE　（株）ビリーフ
- ❤編集協力　上保匡代，水島郁，村西厚子，甲野藤文宏，小縣宏行，佐藤美穂，（有）マイプラン，（有）シー・キューブ，佐野秀好，八木佳子，チームルービック，岩崎美穂，田中裕子
- ❤英文校閲　Joseph Tabolt，Edwin. L. Carty
- ❤デザイン　吉本桂子，長尾紗菜恵（sandesign）
- ❤本文イラスト　【ガールズ】はしあさこ／【英】miri，椎名菜奈美，古市万紀／【数】はしあさこ，MIWA★／【理】MIWA★，（株）アート工房，はしあさこ／【社】高村あゆみ，chao，miya，橋本豊／【国】岩崎あゆみ，さがら みゆ，菊地やえ
- ❤写真提供　各写真そばに記載。記載のないものは編集部または学研写真資料課など
- ❤DTP　（株）明昌堂　データ管理コード：21-1772-0444（CC19）
- ❤図版　（株）明昌堂，木村図芸社

この本は下記のように環境に配慮して製作しました。
・製版フィルムを使用しないCTP方式で印刷しました。
・環境に配慮して作られた紙を使用しています。

読者アンケートのお願い

本書に関するアンケートにご協力ください。下のコードかURLからアクセスし，以下のアンケート番号を入力してご回答ください。当事業部に届いたものの中から抽選で年間200名様に，「図書カードネットギフト」500円分をプレゼントいたします。

- アンケート番号：305366
- https://ieben.gakken.jp/qr/cecil/

＼あなたの学びをサポート！／

家で勉強しよう。学研のドリル・参考書Webページや編集部 Twitterでは，最新のドリル・参考書の情報や，おすすめの勉強法などをご紹介しています。ぜひご覧ください。

- URL　https://ieben.gakken.jp/
- Twitter　@gakken_ieben

CECIL McBEE

Study Planning Notebook

How to Use 効率的に勉強しよう！

Plan 計画 ➡ **Do 行動** ➡ **Record 記録** ➡ **Review 見直し**

1日が始まる前に、その日の目標ややることを書き出しましょう。
計画をもとに行動し、1日の終わりにその結果を記録し、振り返りましょう。

1 今日の日付・曜日を記入しましょう。

5 1日が終わったらトータルの勉強時間を書きましょう。

2 今日の目標などを書きましょう。

3 今日やることをできるだけ具体的に書きましょう。終わったらチェックマークをつけましょう。

6 今日1日を振り返りましょう。

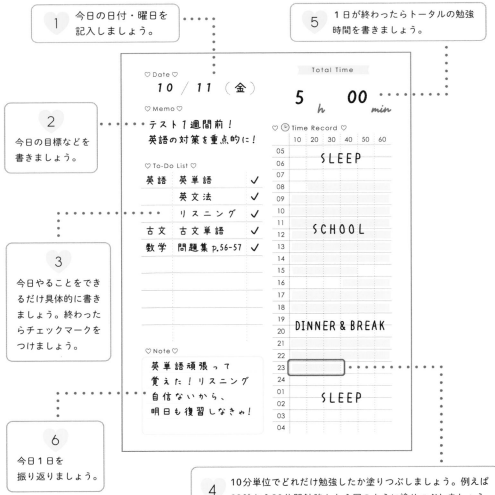

♡ Date ♡
10 / 11 （金）

♡ Memo ♡
テスト1週間前！
英語の対策を重点的に！

♡ To-Do List ♡

英語	英単語	✓
	英文法	✓
	リスニング	✓
古文	古文単語	✓
数学	問題集 p.56-57	✓

♡ Note ♡
英単語頑張って
覚えた！リスニング
自信ないから、
明日も復習しなきゃ！

Total Time
5 h **00** min

♡ ⏰ Time Record ♡
　　10 20 30 40 50 60

05	
06	SLEEP
07	
08	
09	
10	
11	SCHOOL
12	
13	
14	
15	
16	
17	
18	
19	DINNER & BREAK
20	
21	
22	
23	
24	
01	SLEEP
02	
03	
04	

4 10分単位でどれだけ勉強したか塗りつぶしましょう。例えば23時から30分間勉強したら図のように塗りつぶしましょう。科目ごとに色分けすると分かりやすくなります。

内容：32ページ（約1か月分）

♡ Date ♡

/   (   )

♡ Memo ♡

♡ To-Do List ♡

_____

_____

_____

_____

_____

_____

_____

_____

_____

♡ Note ♡

h   *min*

♡ 🕐 Time Record ♡

	10	20	30	40	50	60
05						
06						
07						
08						
09						
10						
11						
12						
13						
14						
15						
16						
17						
18						
19						
20						
21						
22						
23						
24						
01						
02						
03						
04						

♡ Date ♡

/ ( )

♡ Memo ♡

♡ To-Do List ♡

♡ Note ♡

h   min

♡ 🕐 Time Record ♡

	10	20	30	40	50	60
05						
06						
07						
08						
09						
10						
11						
12						
13						
14						
15						
16						
17						
18						
19						
20						
21						
22						
23						
24						
01						
02						
03						
04						

♡ Date ♡

/ ( )

♡ Memo ♡

h   *min*

♡ 🕐 Time Record ♡

	10	20	30	40	50	60
05						
06						
07						
08						
09						
10						
11						
12						
13						
14						
15						
16						
17						
18						
19						
20						
21						
22						
23						
24						
01						
02						
03						
04						

♡ To-Do List ♡

♡ Note ♡

♡ Date ♡

/   (   )

♡ Memo ♡

♡ To-Do List ♡

♡ Note ♡

Total Time

h   min

♡ 🕐 Time Record ♡

	10	20	30	40	50	60
05						
06						
07						
08						
09						
10						
11						
12						
13						
14						
15						
16						
17						
18						
19						
20						
21						
22						
23						
24						
01						
02						
03						
04						

♡ Date ♡

/　　　(　　)

♡ Memo ♡

♡ To-Do List ♡

_____

_____

_____

_____

_____

_____

_____

_____

_____

_____

♡ Note ♡

h　　　min

♡ 🕐 Time Record ♡

	10	20	30	40	50	60
05						
06						
07						
08						
09						
10						
11						
12						
13						
14						
15						
16						
17						
18						
19						
20						
21						
22						
23						
24						
01						
02						
03						
04						

♡ Date ♡

/   (   )

♡ Memo ♡

♡ To-Do List ♡

♡ Note ♡

Total Time

h   min

♡ 🕐 Time Record ♡

	10	20	30	40	50	60
05						
06						
07						
08						
09						
10						
11						
12						
13						
14						
15						
16						
17						
18						
19						
20						
21						
22						
23						
24						
01						
02						
03						
04						

♡ Date ♡

/　　（　　）

♡ Memo ♡

♡ To-Do List ♡

♡ Note ♡

h　　　　*min*

♡ 🕐 Time Record ♡

	10	20	30	40	50	60
05						
06						
07						
08						
09						
10						
11						
12						
13						
14						
15						
16						
17						
18						
19						
20						
21						
22						
23						
24						
01						
02						
03						
04						

♡ Date ♡

/ ( )

♡ Memo ♡

♡ To-Do List ♡

♡ Note ♡

h   min

♡ 🕐 Time Record ♡

	10	20	30	40	50	60
05						
06						
07						
08						
09						
10						
11						
12						
13						
14						
15						
16						
17						
18						
19						
20						
21						
22						
23						
24						
01						
02						
03						
04						

♡ Date ♡

/   (   )

♡ Memo ♡

♡ To-Do List ♡

_____

_____

_____

_____

_____

_____

_____

_____

♡ Note ♡

Total Time

h   *min*

♡ 🕐 Time Record ♡

	10	20	30	40	50	60
05						
06						
07						
08						
09						
10						
11						
12						
13						
14						
15						
16						
17						
18						
19						
20						
21						
22						
23						
24						
01						
02						
03						
04						

♡ Date ♡

/   (   )

♡ Memo ♡

♡ To-Do List ♡

♡ Note ♡

h   min

♡ 🕐 Time Record ♡

	10	20	30	40	50	60
05						
06						
07						
08						
09						
10						
11						
12						
13						
14						
15						
16						
17						
18						
19						
20						
21						
22						
23						
24						
01						
02						
03						
04						

♡ Date ♡

/ ( )

♡ Memo ♡

h *min*

♡ To-Do List ♡

_____
_____
_____
_____
_____
_____
_____
_____

♡ 🕐 Time Record ♡

	10	20	30	40	50	60
05						
06						
07						
08						
09						
10						
11						
12						
13						
14						
15						
16						
17						
18						
19						
20						
21						
22						
23						
24						
01						
02						
03						
04						

♡ Note ♡

♡ Date ♡

/ （ ）

♡ Memo ♡

♡ To-Do List ♡

♡ Note ♡

Total Time

h min

♡ 🕐 Time Record ♡

	10	20	30	40	50	60
05						
06						
07						
08						
09						
10						
11						
12						
13						
14						
15						
16						
17						
18						
19						
20						
21						
22						
23						
24						
01						
02						
03						
04						

♡ Date ♡

/   (   )

♡ Memo ♡

♡ To-Do List ♡

♡ Note ♡

Total Time

h   *min*

♡ 🕐 Time Record ♡

	10	20	30	40	50	60
05						
06						
07						
08						
09						
10						
11						
12						
13						
14						
15						
16						
17						
18						
19						
20						
21						
22						
23						
24						
01						
02						
03						
04						

♡ Date ♡

/   (   )

♡ Memo ♡

♡ To-Do List ♡

♡ Note ♡

h   min

♡ 🕐 Time Record ♡

	10	20	30	40	50	60
05						
06						
07						
08						
09						
10						
11						
12						
13						
14						
15						
16						
17						
18						
19						
20						
21						
22						
23						
24						
01						
02						
03						
04						

♡ Date ♡

/ (   )

♡ Memo ♡

♡ To-Do List ♡

♡ Note ♡

Total Time

h   min

♡ 🕐 Time Record ♡

	10	20	30	40	50	60
05						
06						
07						
08						
09						
10						
11						
12						
13						
14						
15						
16						
17						
18						
19						
20						
21						
22						
23						
24						
01						
02						
03						
04						

♡ Date ♡

/　　（　　）

♡ Memo ♡

♡ To-Do List ♡

♡ Note ♡

h　　　*min*

♡ 🕐 Time Record ♡

	10	20	30	40	50	60
05						
06						
07						
08						
09						
10						
11						
12						
13						
14						
15						
16						
17						
18						
19						
20						
21						
22						
23						
24						
01						
02						
03						
04						

♡ Date ♡

/ ( )

♡ Memo ♡

h *min*

♡ To-Do List ♡

_____
_____
_____
_____
_____
_____
_____
_____
_____

♡ 🕐 Time Record ♡

	10	20	30	40	50	60
05						
06						
07						
08						
09						
10						
11						
12						
13						
14						
15						
16						
17						
18						
19						
20						
21						
22						
23						
24						
01						
02						
03						
04						

♡ Note ♡

♡ Date ♡

/ （　）

♡ Memo ♡

♡ To-Do List ♡

♡ Note ♡

Total Time

h   min

♡ 🕐 Time Record ♡

	10	20	30	40	50	60
05						
06						
07						
08						
09						
10						
11						
12						
13						
14						
15						
16						
17						
18						
19						
20						
21						
22						
23						
24						
01						
02						
03						
04						

♡ Date ♡

/   (   )

♡ Memo ♡

♡ To-Do List ♡

♡ Note ♡

h   min

♡ 🕐 Time Record ♡

	10	20	30	40	50	60
05						
06						
07						
08						
09						
10						
11						
12						
13						
14						
15						
16						
17						
18						
19						
20						
21						
22						
23						
24						
01						
02						
03						
04						

♡ Date ♡

/   (   )

♡ Memo ♡

♡ To-Do List ♡

♡ Note ♡

Total Time

h   min

♡ 🕐 Time Record ♡

	10	20	30	40	50	60
05						
06						
07						
08						
09						
10						
11						
12						
13						
14						
15						
16						
17						
18						
19						
20						
21						
22						
23						
24						
01						
02						
03						
04						

♡ Date ♡

/ （ ）

♡ Memo ♡

♡ To-Do List ♡

♡ Note ♡

h　　　min

♡ 🕐 Time Record ♡

	10	20	30	40	50	60
05						
06						
07						
08						
09						
10						
11						
12						
13						
14						
15						
16						
17						
18						
19						
20						
21						
22						
23						
24						
01						
02						
03						
04						

♡ Date ♡

/   (   )

♡ Memo ♡

♡ To-Do List ♡

♡ Note ♡

Total Time

h   min

♡ 🕐 Time Record ♡

	10	20	30	40	50	60
05						
06						
07						
08						
09						
10						
11						
12						
13						
14						
15						
16						
17						
18						
19						
20						
21						
22						
23						
24						
01						
02						
03						
04						

♡ Date ♡

/ ( )

♡ Memo ♡

♡ To-Do List ♡

♡ Note ♡

h   min

♡ 🕐 Time Record ♡

	10	20	30	40	50	60
05						
06						
07						
08						
09						
10						
11						
12						
13						
14						
15						
16						
17						
18						
19						
20						
21						
22						
23						
24						
01						
02						
03						
04						

♡ Date ♡

/   (   )

♡ Memo ♡

♡ To-Do List ♡

♡ Note ♡

h   min

♡ 🕐 Time Record ♡

	10	20	30	40	50	60
05						
06						
07						
08						
09						
10						
11						
12						
13						
14						
15						
16						
17						
18						
19						
20						
21						
22						
23						
24						
01						
02						
03						
04						

♡ Date ♡

/   (   )

♡ Memo ♡

♡ To-Do List ♡

♡ Note ♡

Total Time

h   min

♡ 🕐 Time Record ♡

	10	20	30	40	50	60
05						
06						
07						
08						
09						
10						
11						
12						
13						
14						
15						
16						
17						
18						
19						
20						
21						
22						
23						
24						
01						
02						
03						
04						

♡ Date ♡

/   (   )

♡ Memo ♡

♡ To-Do List ♡

♡ Note ♡

h   min

♡ 🕐 Time Record ♡

	10	20	30	40	50	60
05						
06						
07						
08						
09						
10						
11						
12						
13						
14						
15						
16						
17						
18						
19						
20						
21						
22						
23						
24						
01						
02						
03						
04						

♡ Date ♡

/   (   )

♡ Memo ♡

h   *min*

♡ 🕐 Time Record ♡

♡ To-Do List ♡

	10	20	30	40	50	60
05						
06						
07						
08						
09						
10						
11						
12						
13						
14						
15						
16						
17						
18						
19						
20						
21						
22						
23						
24						
01						
02						
03						
04						

♡ Note ♡

♡ Date ♡

/ ( )

♡ Memo ♡

♡ To-Do List ♡

h *min*

♡ 🕐 Time Record ♡

	10	20	30	40	50	60
05						
06						
07						
08						
09						
10						
11						
12						
13						
14						
15						
16						
17						
18						
19						
20						
21						
22						
23						
24						
01						
02						
03						
04						

♡ Note ♡

♡ Date ♡

/　　　（　　）

♡ Memo ♡

h　　　*min*

♡ 🕐 Time Record ♡

	10	20	30	40	50	60
05						
06						
07						
08						
09						
10						
11						
12						
13						
14						
15						
16						
17						
18						
19						
20						
21						
22						
23						
24						
01						
02						
03						
04						

♡ To-Do List ♡

♡ Note ♡

♡ Date ♡

/ (   )

♡ Memo ♡

♡ To-Do List ♡

♡ Note ♡

h   *min*

♡ 🕐 Time Record ♡

	10	20	30	40	50	60
05						
06						
07						
08						
09						
10						
11						
12						
13						
14						
15						
16						
17						
18						
19						
20						
21						
22						
23						
24						
01						
02						
03						
04						

♡ Date ♡

/   (   )

♡ Memo ♡

♡ To-Do List ♡

♡ Note ♡

Total Time

h   min

♡ 🕐 Time Record ♡

	10	20	30	40	50	60
05						
06						
07						
08						
09						
10						
11						
12						
13						
14						
15						
16						
17						
18						
19						
20						
21						
22						
23						
24						
01						
02						
03						
04						

♡ Date ♡

/　　　（　　）

♡ Memo ♡

♡ To-Do List ♡

♡ Note ♡

h　　　min

♡ 🕐 Time Record ♡

	10	20	30	40	50	60
05						
06						
07						
08						
09						
10						
11						
12						
13						
14						
15						
16						
17						
18						
19						
20						
21						
22						
23						
24						
01						
02						
03						
04						

CECIL McBee study collection 中3 高校入試 改訂版 **Gakken**